대전문학의 층을 읽다

국립중앙도서관 출판예정도서목록(CIP)

대전문학의 층을 읽다 : 감각의 언어로 읽어낸 랩소디 : 김영희 평론집 / 지은이: 김영희. -- 대전 : 이든북, 2018
p. ; cm

참고문헌 수록
대전광역시, 대전문화재단에서 사업비 일부를 지원 받았음
ISBN 979-11-87833-77-2 03810 : ₩18000

한국 문학 평론[韓國文學評論]

810.9-KDC6
895.709-DDC23 CIP2018039429

감각의 언어로 읽어낸 랩소디

대전문학의 층을 읽다

김영희 평론집

이든북

▮ 책을 펴내며 ▮

대전문학의 층을 읽다

이 책은 박사과정에 입문하기 전 2014년에서부터 2017년까지 쓴 대전아동문학에 관한 글을 모아 엮은 것이다.

아직까지 정리되어 있지 않았던 대전아동문학의 형성과정을 먼저 고찰해보고자 하였다. 1950년을 전후하여 아동문학운동기로 보았다. 그 당시 대전·충남아동문학이 결성되는 과정과 상황, 또한 대전아동문학회와 충남아동문학으로 분리되어 나오는 과정을 고찰하였다.

1989년부터 본격적으로 대전아동문학회로 발족하여 최근에 이르는 과정(2015년)까지 근 25년 간의 회원들 작품 발표집 《푸른 메아리》를 중심으로 작품 경향과 변화를 고찰하였다.

특히, 급격한 변화를 겪으며 개발로 사라져가는 역사성 깊은 지명들에 대한 관심을 제고하는 측면에서 대전아동문학가들의 작품 속에 반영하고 있는 실태를 파악하고자 향토언어수용을 고찰하였다.

초창기 아동문학의 형성과정을 살피기 위한 작업에서 서석규, 김영수 글의 도움이 컸고, 향토언어에 대한 연구에서는 도수희의 글과 각 구에서 발행한 기관지들의 도움이 컸다. 한편, 작가들에 대한 문학 리뷰를 함께 묶었는데 이는 《대전예술》의 청탁을 받아서 쓴 원고들이다.

본고는 문학사 속의 대전아동문학의 형성에서 오늘에 이르기까지 전반적인 부분을 고찰하였다는 점에서 그 의의가 있을 것이다. 다소 미비한 점이 있으나 대전아동문학의 연구를 위한 기초 자료로 활용할 수 있을 것이다. 앞으로 부족한 부분들을 점차 보완하여 가고자 한다.

이 책의 예쁜 펼침을 위해 이든북 이영옥 대표와 직원들의 수고가 컸다. 감사드린다.

2018. 가을에
김영희 삼가

차례

제2부 감각의 언어로 읽어낸 랩소디

제3부 홍희표의 생애와 한밭풍물시

1부

대전 아동문학의 특성과 의의

대전 아동문학의 특성과 의의

1. 연구 목적

그동안 대전을 중심으로 한 아동문학 연구는 매우 미미하여 몇몇 작가들을 중심으로 한 단평이 대부분으로 깊이 있는 연구가 타 장르보다 부진했다. 시나 소설에 비해 관심이나 연구 활동이 저조했던 것은 대전문인협회를 비롯한 문학 단체에서 아동문학을 창작하는 작가들이 타 장르보다 많지 않았던 이유가 큰 것으로 보인다.

그러나 대전의 아동문학계에는 〈대전아동문학회〉를 중심으로 비중 있는 작가들이 포진해 있었고 아동문학 작가들의 작품성은 다른 장르에 결코 뒤지지 않았다[1].

2000년대에 들어오면서 지금까지의 아동문학에 대한 인식이 크게 달라지고 있고 이러한 현상을 반영하듯 많은 문학상이 생겨났다.

그 이전까지는 눈높이아동문학상, 황금도깨비상, 창비 좋은 어린이책, MBC창작동화대상 등이 아동문학의 대표 공모전으로 인

1) 김영훈, 「대전아동문단의 어제와 오늘」 《푸른 메아리》 제35집, 문경출판사, 2011. p.215.

식되어 오던 것이 마해송문학상(문학과지성사), 문학동네 어린이 문학상(문학동네), 푸른 문학상(푸른 책들), 어린이책 작가상(우리교육), 소천아동문학상(교학사), 건국대학교 창작동화상(건대 동화와 번역연구소), 문학사상사 장편문학상(문학사상), 사계절 문학상(사계절), 한국안데르센 그림자상(아이코리아), 웅진주니어문학상(웅진출판) 외에 특정 주제로 공모하는 5·18문학상 등 많은 공모전이 생겨나며 아동문학이 활성화되었다.

또한, 지금까지와는 달리 중앙문학에 종속되어 있던 분위기에서 벗어나 지방문학이 아닌 지역의 정체성을 반영한 문학에 대한 욕구도 한층 높아졌다.

1989년에는 충남으로부터 대전직할시가 분할 승격되었고, 대전문학의 환경에도 변화가 일어 아동문학계도 대전·충남아동문학으로부터 분리되어 〈대전아동문학회〉가 결성되는 등 기존의 분위기에서 벗어나 새로운 출발을 하게 되었다. 하지만 대전아동문학으로 분리된 지 벌써 삼십 여년이 가까워 왔으나 아직 대전아동문학에 대한 총체적 연구는 이뤄지지 않았다.

대전아동문학은 대전문학 속의 한 부분으로 지역의 정체성을 드러내는데 중요하므로 글로컬리즘(glocalism)의 관점에서 검토하고 더 나은 세계 속의 대전아동문학으로, 대전문학 속의 문학으로 자리매김해 나아가기 위한 과정의 하나로 대전아동문학이 지닌 독자성을 찾는 연구가 필요한 시점이다.

이에 문제의식을 갖고 본고에서 대전아동문학이 형성되어 온 과정과, 삼십여 년 동안 걸어온 발자취를 더듬으며 문제점은 없었는지 진단해 보고, 작가 · 작품에 대한 고찰을 해 보고자 한다.

대전아동문학지 《푸른 메아리》를 통해 발표된 작품들의 작품 세계를 최근 발표된 작품으로부터 대전 · 충남아동문학 분리 시점까지를 역추적해 대전아동문학이 갖는 문학적 특성과 의의를 가늠해 볼 수 있어 대전아동문학의 현주소 파악은 물론 세계 속의 문학으로 나아가기 위한 대전아동문학의 창작방향을 잡는 데 도움이 될 것이라 생각한다.

2. 연구사 검토 및 문제제기

지금까지 대전아동문학에 대한 연구는 주로 작품에 대해 혹은 작가에 대해 쓴 단평들이 대부분이었다. 본고에서 대전의 아동문학의 단편적 연구사 검토를 통해 어떤 문제들이 있는지 고찰하기로 한다.

첫째, 동화와 관련한 작가 · 작품론에는 노경수, 한상수, 장두식, 정만영, 김영훈, 전영관, 송백헌 등이 쓴 글이 있다.

노경수는 초기 대전아동문학가 서석규의 작품세계를 세 가지 양상으로 파악[2)]하였다. 초기작에서는 보고, 듣고, 겪은 이야기들을 소재로 자연과 인간, 동물의 상생과 조화로운 주제를 이루는 작품에 주목하였고, 1960년대에서 1970년대에 이르러 억압받는 어린이의 모습을 보여주면서 희망을 주는 환상동화와 생명사랑을 드러내는 인본주의에 입각한 생태동화를 발표한 것에 대한 의미를 부여하였다.

한상수는 구진서의 『갈대숲의 노래』 발문[3]에서 동화의 가능성을 확대하려는 노력에 대한 의미를 높이 평가하였다.

장두식은 한상수의 동화세계를 분석하며 동화작가로서의 문학사적 위상을 고찰하고자 하였다. 그의 동화를 환상동화와 신동심주의적 동화로 나누어 현실적 욕망을 환상으로 처리하여 흥미성과 교훈성을 조화롭게 형상화하였고 다양한 삶의 유형과 인물유형을 제시하였음을 상기시키며, 꿈과 현실을 조화롭게 형상화하고 있다고 평가하였다. 이러한 그의 동화들은 교사로서의 사명감에서 출발하였다고 보고 동화발전에도 기여[4]하였다고 평가하였다.

김영훈은 정만영의 작품세계를 살폈다. 본격적으로 문학으로서의 본질을 찾아가는 1970년대 초에 나온 좋은 작품을 쓰는 작가로 평가했다. 작품성에 비해 주목받지 못한 면이 있음을 언급하며 휴머니즘을 배경으로 한 예술성을 겸비한 작가로 평가하였다. 휴머

---

2) 노경수, 「맑은 동심, 다양한 생명사랑」, 『대전사랑 아동문학선집』, 오름기획출판, 2014, pp.275~280.

3) 한상수, 「구진서의 문학과 인생」, 『대전사랑 아동문학선집』, 오름기획출판, 2014, p.281.

4) 장두식, 「환상성과 신동심주의」, 『대전사랑 아동문학선집』, 오름기획출판, 2014, pp.283~298.

니즘을 바탕에 깔고 작품을 형상화[5]하는 세련된 기법을 구사함은 그의 강점이나 다문화시대를 맞아 보다 다양한 소재 발굴 확장을 주문하고 있다. 또 동화창작에 관한 다른 단평에서 미분화된 어린이들의 신체적 심리발달에 맞게 집필되어야 하고 동심을 회복하고 본성을 찾을 수 있도록 창작되어야 하는 이상주의적 문학인 동시에 휴머니즘의 인도주의 문학이 곧 동화[6]라며 좋은 표현기법의 예를 설명하였다. 또 주제를 담은 소재가 시대정신에 맞는가? 지나치게 교훈성을 강조하여 예술성이 감추어지지는 않았는지, 창작과정에서 환상성을 제고하여 좋은 동화를 읽을 수 있게 하는 것은 동화작가의 의무이자 사명감임을 확인시킨 논평[7]이 있다. 김영훈은 '대전아동문단의 어제와 오늘 그리고 내일'에서 대전·충남아동문단의 분리되는 과정을 언급하고, 작가의 등단 시기와 방법, 세미나 발표, 개인문집 등을 연표로 제시, 문제점을 지적하며 대전문단의 활성화를 위해 새로운 분위기 창출이 필요함을 말하기도 하였다[8]

정만영은 '아동문학이 외면당하는 현실 진단'을 통해 그 원인을 아동의 요인에서 보았고, 학부모의 요인에서, 작가의 요인에서,

---

5) 김영훈, 「정만영 동화와 휴머니즘」, 『대전사랑 아동문학선집』, 오름기획출판, 2014, pp.300~318.

6) 김영훈, 「'푸른 메아리' 동화 속에 깃든」, 《푸른 메아리》 제33집, 2009, pp.172~179.

7) 김영훈, 「좋은 동화 창작, 좋은 동화 감상에 대하여」, 《푸른 메아리》 제4집, 2016, pp.12~27.

8) 김영훈, 「대전아동문단의 어제와 오늘 그리고 내일」, 《푸른 메아리》 제35집, 2011, pp.214~234.

출판사의 요인에서 각각 문제점을 지적하였다.[9]

전영관은 김영훈 동화는 토속적 샤머니즘과 원시성에서 기인한 자연 친화적 향토애를 띠고 있다. 우화적 기법의 판타지가 표현의 특성이라고 파악하고 새로운 질서를 터득하는 리얼리즘의 세계로 환원되는 구조를 가지고 있다고 보았다. 특히 환상 속의 실체가 아니라 현실과 밀접한 관련을 맺고 있는 리얼리티 기법으로 일상적인 삶과 동떨어지지 않고 있다고 평가[10]하였다.

박진용 동화세계에 대한 논의로는 송백헌과 김영훈의 평이 있다. 송백헌은 서사문학이 갖추어야 할 덕목으로 잘 짜인 이야기에 주목[11]하며, 교시적이고 재미를 담고 있어 조화롭다고 평가하였다. 인간회복의 메시지를 담고 있을 뿐 아니라 우직한 성격의 인물을 창조하고, 다양한 기법을 구사하고 있어 문학적 가치를 높게 평가하였다. 김영훈은 '캐릭터와 서사력이 강한 작품 세계를 가진 이야기꾼', 친자연적이고 서정성 짙은 작품을 쓰는 작가, 작품 쓰는 태도가 진지하고 실험적이라는 점, 서사구조가 확실한 연작동화 형식의 작품으로 재미성과 주제의식이 강함을 특징으로 보았다.

둘째로, 동시 작가 · 작품론에는 리헌석, 전영관, 나태주, 조남익, 엄기원이 쓴 단평들이 있다.

---

9) 정만영, 「아동문학이 외면당하는 현실진단」, 《푸른 메아리》 第36집, 2012, pp.212~222.
10) 전영관, 「토속적 샤머니즘과 향토애」, 『대전사랑 아동문학선집』, 오름기획출판, 2014, pp.319~341.
11) 송백헌, 「읽는 재미, 그 뒤에 숨겨진 진실」, 『대전사랑 아동문학선집』, 오름기획출판, 2014, pp.342~361.

리헌석은 전영관의 동시집 『산골에서 온 편지』를 중심으로 동심의 미학적 형상화에 초점을 두고 분석하였다. 직관적 상상과 연상을 통해 개성적, 미적으로 새로움을 재고하고 있다 평가하고 리듬, 이미지, 비유, 강조, 상징을 다용하여 분위기 형성과 진실성 획득에 성공하고 있다고 평[12]하였다.

전영관은 김영수의 동시집 『해님의 전화』를 중심으로 살피고 있다. 의태어와 의성어들은 생동감 느끼게 하고 어린이 마음을 밝고 따뜻하게 만들어 정서순화에 좋은 작품집이라 평하였다. 또한 「은유의 꽃밭에서 가져온 이미저리의 꽃다발」에서 이문희 작품세계에 대한 평도 남겼는데 구체적 이미지로 아동의 눈높이로 형상화, 감각적 이미지와 직감적 이미지 결합을 통해 정서적 환기를 시키는데 성공하고 있고 리얼리즘을 바탕으로 비판의식을 끌어올리고 있다고 평[13]하였다. 이 외에도 전영관의 몇 가지 단평을 살펴보면, 「다문화시대의 아동문학 역할」에서 한국사회가 다문화사회로 급변하고 있는 과정에서 다문화 가정 아동들이 겪는 상처와 좌절을 위로해줄 아동문학[14]이 필요하고 문화의 이해를 위한 아동문학작품들이 창작되어야 함을 말하고 있다. 「대전아동문학회 동시 조명」에서는 2000년 이래 점차 도외시되는 동시문학에

12) 리헌석, 「동심의 미학적 형상화」, 『대전사랑 아동문학선집』, 오름기획출판, 2014, pp.363~373.
13) 전영관, 「은유의 꽃밭에서 가져온 이미저리의 꽃다발」, 『대전사랑 아동문학선집』, 오름기획출판, 2014, pp.390~408.
14) 전영관, 「다문화시대의 아동문학 역할」, 《푸른 메아리》 제33집, 2009, pp.194~211.

대한 비판적 견해를 견지하며 새로운 소재 개발의 필요성을 지적, 천사주의나 언어유희에서 진일보하지 못하는 진부한 동시를 경계하여야 하며 문학성 있는 동시창작을 하여야 함을 강조[15]하고, 또 다른 글인 「동시의 재미성과 주제의식」에서 동시의 신선한 소재 선택으로 재미를 주는 동시에 문학성과 교육성을 겸비한 어린이 정서 발달과 순화에 도움 되는 동시 창작[16]을 언급하였다.

나태주는 송근영의 동시집 『사랑아 퐁퐁퐁』은 어린이가 읽으면 노래가 되는 시이며 청년이 읽으면 철학이 되는 시이고, 노인이 읽으면 인생이 되는 시라고 평가하고 향기로운 영혼의 울림에서 비롯된 것임을 강조하며 시의 울림에 대한 평[17]을 하였다.

조남익은 김숙자 동시집 『모시울에 부는 바람』을 평하면서 시인 탄생의 배경과 동시집의 시 대부분 배경이 되는 모시울(연기군 전동면)은 시인이 태어난 자연이었음을 상기시키며 동심의 세계에서 바라보고 있는 여성적 섬세한 표현과 어머니로서의 사랑에 의한 동심에서 기인한 안정을 구축한 생명력을 장점으로 평[18]하였다.

엄기원은 한금산 동시집 『별씨 뿌리기』를 통해 인간사랑, 자연 사랑을 중히 여긴 동시라며 생명체의 소중함을 일깨웠다 평

---

15) 전영관, 「대전아동문학회 동시 조명」, 《푸른 메아리》 제33집, 2009, pp.154~176.
16) 전영관, 「동시의 재미성과 주제의식」, 《푸른 메아리》 제35집, 2011, pp.198~213.
17) 나태주, 「노래가 되고 철학이 되고 인생이 되는 시」, 『대전사랑 아동문학선집』, 오름기획출판, 2014, pp.384~389.
18) 조남익, 「산골학교의 평화와 사랑의 미학」, 『대전사랑 아동문학선집』, 오름 기획출판, 2014, pp.409~422.

하였다.

김영희는 「대전아동문학의 향토적 언어수용 고찰」에서 동화 · 동시에 쓰인 향토언어 수용에 관한 고찰을 하며 대전지역의 사라져가는 언어에 주목했다. 대전아동문학회에서 발행하고 있는 《푸른메아리》를 중심으로 작가들의 작품 속에 반영되고 있는 미미한 지역 언어 수록 실태를 고찰하며 반영에 아쉬움을 평[19]했으며, 김영훈의 청소년 장편소설 『장군님의 말씀』을 분석하며 작가의 역사인식에 주목했다. 근현대사의 굵직한 사건들과 맥을 같이 하여 살아낸 생애사적 경험들에서 온 결과이고 시대적 상황이나 경험들을 작품 속에 긴밀히 반영시키고 있는 점에 의미를 부여[20]하였다.

이상에서 살펴본 바로 동시 · 동화와 관련한 대전아동문학에 대한 연구는 주로 작가나 작품에 대한 단편적인 면을 주로 기술하는데 그쳤다는 한계를 가지고 있다. 동화나 동시 작가론은 주로 몇몇 작가에 한정하여 이루어졌음을 알 수 있다. 발표지면 역시, 대전아동문학회에서 매년 발간하는 《푸른 메아리》에 실린 평들과 문학시대기획총서에서 최근에 기획한 『대전사랑 아동문학 선집』에 실려 있는 것들이 대부분이다. 대전 아동문학 작품이나 작가들을 대상으로 하여 전체를 조망한 논문은 없었다.

---

19) 김영희, 「대전아동문학의 향토적 언어수용고찰」, 《푸른 메아리》 제37집, 문경출판사, 2013, pp.188~213.

20) 김영희, 『장군님의 말씀』 그림자 밟기, 《푸른 메아리》 제41집, 문경출판사, 2017, pp.162~165.

따라서 본고에서는 이러한 단점들을 보완하여 대전아동문학에 대해 좀더 확대 조명하여 대전아동문학의 전체적 특징을 추출해 보고 나아가 대전아동문학의 특성은 무엇이고 어떤 의의를 갖고 있는지 고찰하고자 한다.

3. 연구 범위 및 연구 방법

본 연구는 연구사 검토를 통해 제기된 문제점들을 극복하고, 대전아동문학 작품들의 탐색을 통해 글로컬리즘(glocalism)[21]의 관점을 염두해 두고 논의를 시작하려 한다. 대전아동문학이 어떻게 형성되어 왔는지 그 과정을 먼저 고찰하고 가장 향토적인 것이 가장 세계적인 것이 될 수 있다는 관점 아래 대전이라는 지역 속에서 성장한 문학의 정체성을 살피고자 작품 속에 반영된 대전아동문학이 갖는 특성을 고찰해 보고 그 의의를 진단해 보고자 한다. 연구 범위는 다음과 같이 정한다.

먼저, 대전 출신이면서 타 지역에서 활동하면서 대전을 소재로 하여 쓴 작품은 논의에서 제외하였다. 현재 대전지역에서 활동하

21) 박덕규, 「문학공간과 글로컬리즘」, 『서정시학 비평선』 제27집, 서정시학, 2011.
이 용어는 1990년쯤부터 사용하기 시작한 경영학 마케팅 분야의 전문 용어로 요즘은 문화전반에 걸쳐 사용. 세계화 속에서 지역문화 연구의 중요성을 요구받고 있다.

고 있는 대전의 문학단체에 속한 작가들의 작품을 중심으로 고찰하기로 하였다. 또한 본격 대전아동문학으로 자리매김되던 시기인 2000년대의 작가 · 작품들을 거슬러 올라가며 고찰하기로 한다.

기존의 연구사 검토를 토대로 좀더 확장하고 단편적 소수의 작품이 아닌, 활동했던 대전아동문학 작가들의 주요 작품을 대상으로 동시, 동화, 동극의 분야로 확대하여 살피고 청소년소설도 동화 속에 포함시켜 살피기로 한다.

대전아동문학의 형성에서는 총 세 시기로 나누어 어떤 과정을 거치며 변화하고 발전하여 왔는가. 또한 대전아동문학의 문학사적 위치는 어떠한가에 대해 고찰하고자 한다.

형태적 특성에서는 첫째, 동시에서 일정한 리듬, 율격은 시의 구조 속에서 일정한 의미적 기재들과 어울려 의미망을 구축한다는 점을 전제로, 시적 화자의 내면 공간은 시적 대리물인 자연물로 주로 표현된다고 보고 다양하게 형상화된 사물들의 비유에 대해 살펴보기로 한다.

이러한 시도는 아동문학 작품이 갖는 예술성과 문학사적 평가를 위한 시도가 될 수 있다는 점에서 의미가 있고 예술성이 높은 질 좋은 작품을 창작하고 있는지 심미적 위상을 살펴볼 수 있을 것으로 생각한다.

둘째로 동화, 동극에서는 인물창조와 리얼리티나 판타지, 전승적 표현기법, 문제들을 살펴 작품 속의 의미망을 어찌 형성해 가는지 그 양상의 독창성이나 개성적인 측면에서 살펴보기로 한다.

내용적 특성에서는 아동문학작품들의 내적 특성을 중심으로 살피고자 한다. 문학의 본질은 결국 예술성, 교훈성, 목적성에 있다고 보고 어떤 양상으로 나타나는지를 고찰하려 한다. 동시의 경우 소재와 주제 선택 양상이나 리듬이나 어조를 통해 시적 형상화를 어찌 이뤄가는지에 대해 살피고자 한다. 동화에서는 소재, 주제의 양상을 통해 이룩해가는 과정을 탐색하여 결국 무엇을 지향하고 무엇을 형상화하고자 하였는지 주제탐구를 통해 본 현실인식 내지는 역사인식에 대해 양상을 고찰하기로 한다. 이러한 내용적 특성의 고찰을 통해 시대의 흐름을 어떻게 담아내고 있는지 작가의 역사인식을 이해할 수 있을 것으로 기대한다.

언어적 특성에서는 대전지역의 향토어에 담긴 역사성 반영에 얼마나 관심을 기울이고 있는지 살피고자 한다. 지명, 방언을 중심으로 대전의 언어가 어떻게 반영되고 있는지를 밝혀 지역 문학의 향토성 수용 실태를 고찰하고자 한다.

2016~2017년 가장 최근에 발표한 대표 작가 중 등단 25년 넘는 네 명의 작품집을 살피는 시도도 병행하였다. 가장 최근에 발표된 작가 · 작품을 집중적으로 살펴보는 시도는 가장 생생한 현장에서 만나는 대전아동문학의 경향을 체감할 수 있다는 점 때문이다. 현재의 환경을 가장 잘 반영한 창작물이라는 점에서 의미가 있을 것이다. 송근영 동시집 『할머니, 나 집에 안가면 안 돼?』, 김영훈 동화집 『장군님의 말씀』, 이문희 동시집 『심심하지 않을 거야』, 박

순길 시집 『세월의 숨결』 등, 네 작가의 작품집을 집중 분석하였다. 앞의 논의에서 부족한 부분을 보완할 수 있으리란 기대에서 시도하였다.

이상에서 제시한 방법론을 통해 고찰하다보면 대전아동문학이 갖고 있는 특징과 지향성이 드러나리라 본다. 대전아동문학의 형성과정, 형태적 특성, 내용적 특성, 언어적 특성, 가장 최근에 발표된 대표 작가의 작품집을 분석하여 지금까지 한 번도 시도되지 않았던 대전아동문학의 특성을 추출해 보고 나아가 대전아동문학이 이뤄낸 문학사적 의의를 미미하게나마 도출해 볼 수 있을 것으로 기대한다.

4. 대전 아동문학의 형성

이 장에서는 대전아동문학의 형성과정을 고찰하기로 한다. 제1기는 아동문학의 흐름이 본격 활성화되기 이전 최초의 근·현대문학 잡지로 불리는 『少年』지가 최남선에 의해 발표된 이후부터 〈충남아동문학회〉(1974)가 결성된 시기 이전까지를 아동문학의 준비기인 문화운동기로 보고, 대전과 충남이 완전 분리하여 충남과 〈대전아동문학회〉가 새롭게 출발한 1997년 1월 1일 이전을 제2기, 1997년 1월 1일 이후 〈대전아동문학회〉가 새롭게 출발한 이후를 제3기인 대전아동문학기로 나누어 고찰하고자 한다.

1) 제1기 아동문화운동기

우리나라 최초의 아동문학 잡지로 꼽히는 1908년 육당 최남선이 발행한 『少年』지가 나온 이래로 1923년 어린이 문화운동의 일환으로 발간된 『어린이』 잡지는 한국아동문학의 발전을 유도하였다.

당시, 일제강점기 하에서 우리문화 말살정책을 펴고 있는 이때 자라나는 아동들이 우리의 미래임을 자각하여 아동들에게 읽힐 동시 · 동화를 발표하는 등 젊은이들이 분분히 일어난 '한국 근대 소년 문예운동'은 전국적으로 번져 나갔다. 이런 분위기는 충남의 전 지역에서도 활발히 번져나갔다.

서산 출신인 동시인 윤석중을 비롯해 대전의 송완순[22], 예산의 성진호[23], 논산의 엄홍섭[24], 공주의 하상락[25], 서산의 유기춘[26]

---

22) 송완순은 대전에서 '봉화사'를 조직하여 문예운동을 주도하였고, 「자장가」, 「나팔꽃」, 「낮에 나온 달님」, 「거미줄」, 「갈잎」, 「비행기」 등 동요를 1927~1938년 〈조선일보〉, 〈동아일보〉, 『신소년』, 『소년문학』 등에 발표함.

23) 성진호는 예산에서 예산지국장을 하며 1930년 『문예광』 문예잡지를 발간. 1932년 무정부주의 결사 사건으로 옥사.

24) 엄홍섭은 논산 출신으로 진주로 가서 교편을 잡고 '소년문예운동'에 참여. 1925~1934까지 『어린이』, 『별나라』 〈동아일보〉 등에 동요 · 동시를 발표함.

25) 하상락은 공주에서 '소년문예운동'에 참여해 〈소년예술회〉 동인 모임을 주도.

26) 유기춘은 서산 운산에서 〈반달문예사〉 동인 모임을 만들어 주도. 1930년 〈매일신보〉에 「까치」, 「저녁」, 「개싸움」 등을 발표함.

등의 활약은 매우 컸다.

1945년 8월 15일 광복이 되면서 다시 충남지역에도 거대한 문화 운동이 일어난다. 어린이를 위한 어린이 잡지들이 나왔고 아동문학가를 찾는 공모도 비로소 나온다. 1947년 〈경향신문〉 출신의 김석규[27]는 신흥초등학교 교사였으며, 동시 · 동화로 교육 현장에 접목시키기 위해 작품을 창작하였다. 임희재[28]는 해방직후 충남의 작가로 주목을 받기도 하였지만 아동문화 운동에 참여하면서 좋은 작품을 남긴 작가다.

대전 · 충남에서는 50년 전후하여 전쟁의 피해 복구로 아동문학에 대해 관심을 가지지 못하고 있을 시기, 전쟁을 피해 대전에 머물고 있던 윤석중과 강소천,[29]김요섭과 교류하였다. 당시 정훈, 박용래, 한성기 등이 동시문학에 관심을 보이며 쓴 몇 편의 작품이 아동문학의 시초(始初)[30]가 되었던 셈이다.

강소천은 우리말을 말살하려는 시기인 1941년에 동요시집 『호박꽃 초롱』을 발간하고 첫 작품 동시를 대전 피난시절 대전일보

---

27) 김석규는 대전 출신으로 1999년 〈호서문화〉에서 기념문집 『산 너머 저편 저 하늘 먼 곳에』를 출간. 1974년 미국으로 건너가 성결교단의 지도자가 됨. 아동문학으로 시작하여 문학성 있는 설교로 유명함.

28) 임희재는 금산 출신으로 1950년〈중도일보〉 창간 멤버로 취재부장. 1947년 한성도서에서 현상공모에서 동화 「파랑새」 당선. 극작가로 시나리오 작가로 방송작가로 활동함.

29) 강소천은 함남 고원이 고향. 한국 동화의 틀을 잡고 한국아동문학을 이끌어온 아동문학가임. 장 · 단편 동화 150편과 동요 · 동시 240여 편을 남김. 전쟁 와중에 남쪽으로 내려와 첫 발표 작품을 대전의 매체에 발표하였다는 점과 대전에서 윤석중과 만남이 이뤄짐.

30) 서석규, 「충남 아동문학의 형성과 활동 현황」, 『충남근현대예술사』, 충남근현대예술사편찬위원회, 2016.11, p.202.

에 발표한다.

산에 산에 산으로 우리 가보자
노래 노래 부르며 모두 가보자
우리들이 심어논 어린 나무들
얼마나 자랐나 우리 가보자

산에 산에 와보니 우리 와보니
노래 노래 부르며 우리 와보니
지난 해에 심어논 어린 나무들
몰라보게 자랐구나 모두 컸구나
산에서는 나무들이 잘들 자라고
마을에선 우리들이 모두 커간다
어서 커서 새나라의 기둥 되라고
봄볕도 따사하게 비쳐 줍니다

— 강소천, 「자라는 대한」[31] 전문

소라 통소는
부웅하고 운다.
소라는 바다가 그리워서
뱃고동 소리를 하나보다.

— 강소천, 「소라」[32] 전문

이러한 유명 작가들의 대전에서의 활동은 잿더미가 된 대전의

31) 〈대전일보〉에 발표.
32) 『호서문학』 창간호에 실렸다.

아동문학 분위기를 조성하는데 큰 역할을 한다. 치명적인 전란의 아픔을 겪고 상처 입은 아동들에게 용기를 주고 희망을 주려는 아동문학에 대한 큰 관심은 충남지역 문학가들에게도 많은 자극제가 되었다.

특히 강소천은 대전의 문인 정훈, 박용래, 한성기 등과 교류하며 영향을 주었고 성인시를 쓰는 당시 문인들에게 동시나 동요를 쓰는 계기를 마련한다. 이 시기 정훈도 「밀고 끌고」를, 한성기는 동심을 소재로 한 「감」을 창작하기도 하였다. 당시 동심의 세계를 다룬 몇 편은 결국 동시문학에 대한 관심의 시작이 되었다.

날랑 앞에서 끌게
엄닐랑 뒤에서 미셔요

한밭 사십리길
쉬엄쉬엄 가셔요

밀다가 지치면
손만 얹고 오셔요

걱정 말고 오셔요
발소리만 내셔요

엄니가 따라오면
힘이 절로 난대요

마늘 팔고 갈 제면
콧노래도 부를께요.

— 정훈, 「밀고 끌고」[33]부분

또한 동화도 글짓기 교사들을 중심으로 아동들에게 글쓰기 지도를 하다가 서석규(1955년 한국일보), 심경석(1958년 동아일보), 장욱순(1957년 평화신문), 지동환(소년), 구진서(1959년 국도일보, 1972년 조선일보) 등이 문단에 대거 당선되면서 동화부문도 기지개를 켜는 분위기가 조성되었다.

아동극 분야에서도 아동들에게 자신감을 불어 넣기 위하여 국민학교 교사들의 주도 하에 교실에서 간단한 준비로도 가능한 단막극 형태로 활성화되었다. 1968년 무렵에는 최문휘에 의해 〈엘리자베스 어린이 극회〉가 설립되어 대전 지역 초등학교 아동들을 대상으로 연극지도를 하여 청소년회관에서 학교 대항 아동극 경연대회[34]를 개최하는 등 아동에 대한 새로운 인식으로 다양한 문화운동이 활발하게 일어나게 된다.

에리자베스극회 사설 〈에리자베스어린이극회〉는 1968년 9월 29일 창립공연을 가지면서 시작되었다. 대전청소년회관에서 9월 29일과 9월 30일에 열릴 창립공연의 레퍼토리는 최문휘 구성의 「어린이 꽃다발」로 초등학교 교과서에 있는 동극을 연극화한 것으로 어린이 방송국의 시연 연극 「신구

33) 정훈의 「밀고 끌고」는 70년대 중학교 교과서에 실렸다. 충남지역 첫 동시 작품이다.
34) 1968년 무렵, 최문휘는 각 학교의 연극부를 뽑아 당시 원동초등학교 강당에 모여 연극 지도를 하였다. 옛 시민관 건너 지금의 상공회의소 자리 청소년회관(청소년 연극이나 영화를 상영하던 곳)에서 아동극 학교 대항을 벌였다. 대전의 전 지역 학생들이 관람하였다.

파」를 다양하게 구성하여 갈채 속에 출발하였다. (생략)

극작과정을 어린이에게 보여준다니 정말 얼마나 다행한 일인가?

– 최문휘, 「1960년대의 연극과 에리자베스극회」에서 발췌[35)]

이처럼 충남지역의 아동문화운동은 그야말로 하나의 문화운동으로 번져나갔으며, 미래의 주인이 될 아동을 잘 키워보자는 뜻 아래 젊은이들이 분분히 일어나 아동들에게 좋은 읽을거리를 제공해 주고자 활성화되었다. 또한 학교현장에서 글쓰기 교재로 활용하기 위한 작품들이 공모상에 당선되면서 작가가 되기도 하였다. 이 무렵 대전으로 피난을 와 있던 중앙문단의 강소천, 윤석중 등의 영향으로 지역 문인들이 동시에 관심을 갖게 되는 계기가 되기도 한다. 아동극 분야에서도 우울한 시대상황 속에서 아동들을 위로하고 용기를 주는 활동들을 시작한다. 이를 계기로 지금까지의 문화 운동은 좀더 발전적인 문학단체를 낳는 계기로 발전하게 된다.

2) 제2기 충남아동문학기

60년대까지 아동문학의 발아기였다면 70년 이후부터는 본격 아동문학시대를 열어가기 시작하는 분위기였다. 지금까지 학교 현장

---

35) 최문휘, 「1960년대의 연극과 에리자베스극회」, 『대전 · 충남연극사』, 선인출판사, 1993, p.208.

에서 교재로 활용하던 글쓰기 교재 개발을 위해 고민하던 교사들 모임이 결성된다. 1973년 7월 17일 〈충남아동문학회〉를 조직하고 대전과 충남 전체를 아우르는 '아동문학의 밤'이나 '회원 시화전'을 열었다. 회지 《푸른 메아리》를 발간하고 계몽사와 결연을 맺어 독서 감상문 모집도 한다. 일선교사 연수는 물론 학부모들을 대상으로 교육을 하는 등 아동문학 단체로 거듭나는 노력들을 활발히 전개해 나간다. 대부분 교사들의 참여로 이루어진다.[36)]

도내 글짓기 교사 모임 후 회칙을 정하고 초대 회장을 한상수가 맡고 부회장에 구진서, 사무국장에 김영수가 맡아 10월 2일에는 '아동문학의 밤'을 개최하여 김요섭(동화), 송명호(동화) 등 아동문학가를 초청하고 '충남아동문학회'의 탄생을 널리 알리며 〈충남아동문학회〉가 정식 출범하기에 이른다. 그 이듬해 74년 8월 2일 회원들의 아동문학 작품을 모아 《푸른 메아리》 제1집을 간행[37)] 하기에 이른다.

〈충남아동문학회〉는 창간호[38)] 《푸른 메아리》를 발간하며 8월 3일부터 5일까지 부여 영일대에서 '제1회 충남아동문학세미나'를 개최하고 박화목의 '아동문학의 전망'을 이덕영은 '동시의 전망'을

---

36) 김영수, 「문인협회 편」, 『한국예총대전광역시 50년사』, 종려나무, 2012.

37) 《푸른 메아리》가 나오기 전 《문예수첩》 1집이 1972년 3월 중도일보의 지원을 받아 이미 1집이 나왔고, 1972년 5월에는 《3 · 1문예》 2집이 한상수 주간으로 이미 나왔다. 이때 참여한 인원은 9명의 작품을 수록하였다. 이를 계기로 하여 〈충남아동문학회〉가 탄생. 이때 한상수 · 구진서 · 정만영 · 김영수 · 유동삼 · 송근영 · 변상호 · 홍재헌 · 박철우 · 유종슬 · 유창근 · 도재희 · 장욱순 · 조상국 · 조중귀 · 홍순태 등이 참여하였다.

38) 《푸른 메아리》 창간호(1974년 8월 2일)

한상수는 '동화의 전망'에 대한 주제 발표를 하고 매월 정례 모임[39]을 갖고 합평회도 가지는 등 본격 충남의 문학단체로 발판을 다져 나간다.

1975년 제2회 충남아동문학 세미나 주제는 '아동문학과 문학교육'으로 김요섭 · 구진서 · 박화목 · 유종슬이 발표하였다. 이후 매년 1회씩 세미나를 갖고 회원들의 친목도모와 문학적 기량을 돋우려하였다. 이때까지는 주로 동화창작이 대세였다.

〈충남아동문학회〉가 출범한 이후 그해 12월 5일 정만영(1973년 동아일보, 동화), 김홍수(1973년 동아일보, 동시)가 각각 신춘문예에 당선이 되었고 이서인(1974년 월간문학), 유창근(1972년 아동문학, 평론), 변상호(1972년 문공부 문예창작공모, 동극) 이외에도 강순아 · 권순하 · 남궁경숙 · 손수복 · 이원구 · 주경희 등이 등단하며 활력을 불어 넣는다.

《푸른 메아리》 발간도 1974년 8월 1일 창간호(15명)를 낸 이후 1976년 8월 1일 제2집(17명) 발간, 1979년 8월 3일 제3집(17명:동극 변상호 · 조상국 참여)을 발간하였다. 그 후에도 매년 발간하여 1982년 4월 15일 제4집(22명) 발간[40], 1984년 7월 10일 제5집(24명) 발간, 1985년 7월 5일 제6집(30명) 발간, 1986년 7월

39) 충남문화재단, 「충남 아동문학의 형성과 활동 현황」, 『충남근현대예술사』, 충남근현대예술사편찬위원회, 2016,11, p.214.

40) 위의 책, p.215의 기록에 의하면 1980년에는 〈대전아동문학회〉 의 창간호를 발간하였다고 기록되어 있으나 당시 〈충남아동문학회〉 를 결성하고 임원을 맡으면서 활동해온 김영수의 증언으로 《푸른 메아리》 4집인 것을 확인하여 정정하였다.

5일 제7집 발간, 1987년 8월 10일 제8집 발간, 1988년 8월 5일 제9집[41]발간, 1989년 8월 14일 제10집 발간, 1990년 7월 1일 제11집 발간, 1991년 10월 30일 제12집 발간, 1992년 8월 20일 제13집 발간, 1993년 8월 15일 제14집 발간, 1994년 7월 10일 제15집 발간, 1994년 12월 24일 제16집 발간, 1995년 8월 19일 제17집 발간, 1995년 12월 26일 제18집 발간, 1996년 8월 11일 제19집까지를 발간하여 오다가 1996년 12월 23일 《푸른 메아리》 제20집부터는 〈대전아동문학회〉로 분리하여 〈대전아동문학회〉에서 첫 호를 《푸른 메아리》 제20호로 발간하였다.

1996년 8월 10일 ~ 11일 충남 임해수련원에서 개최한 제23회 충남아동문학 세미나를 끝으로 정기총회를 열어 '1997년부터 〈대전아동문학회〉와 〈충남아동문학회〉를 완전히 분리하되, 세미나 등 행사는 공동 개최한다'[42]는 합의가 있었기 때문이다. 두 단체로 분리된 이후에도 2002년까지 〈충남아동문학회〉가 〈대전아동문학회〉와 세미나를 공동 개최하였다. 2003년 이후에는 서로 행사를 각기 개최하여 완전 분리하기에 이르렀다.

〈충남아동문학회〉의 회장의 임기는 각 년으로 한상수(1973~1978), 구진서(1979~1981), 이서인(1982~1982), 김영수(1983~1986), 정만영(1987~1990), 김영훈(1991~1994), 전영관(1995~1996)이 맡았다.

---

41) 7집까지 '푸른 메아리'로 제목을 붙이던 것을 제9집부터 다른 제목을 붙이기 시작하였다.
42) 전영관, 「충남 아동문학의 형성과 활동 현황」, 『충남근현대예술사』, 충남근현대예술사 편찬위원회, 2016.11, p.219.

1970년대 활동한 아동문학가로는 한상수 · 구진서 · 정만영 · 김영수 · 유동삼 · 송근영 · 변상호 · 홍재헌 · 박철우 · 유종슬 · 유창근 · 도재희 · 장욱순 · 조상국 · 조중귀 · 홍순태 이외에 이덕영 · 박화목 · 김홍수 · 이서인 · 도재희 · 장욱순 등이 참여하였다.

1980년대는 특히 동시 작가들이 많아졌다는 특징이 있다. 이전까지는 대부분 동화 부문이 활성화되던 문단의 기류가 이홍수의 신춘문예 등단 이후 많은 동시 작가들이 나오기 시작하였다. 김홍수 · 김영수 · 유창근 뿐이었던 동시작가 외에 전영관 · 최정심 · 송근영 · 강복환 · 임환군 · 남락현 · 심장근 등 많은 이들이 동시로 등단한다. 김래호(1980년 동아일보, 동화)를 시작으로 전영관(1982년 경향신문, 동시), 소중애(1982년 아동문예평론, 동화), 리헌석(1982년 시와 의식, 시), 김영훈(1983년 아동문예, 동화), 박진용(1983년 아동문예, 동화), 임나라(1984년 서울신문, 동화), 김명수(1984년 현대시학, 시), 송근영(1985년 대전일보, 동시) 등 대전 · 충남을 아우르는 문인이 많았다.[43)]

〈충남아동문학회〉는 1997년 1월 이후 소중애 · 김정헌 · 최정심 · 안학수 · 신석근 · 심온 등 주소지가 충남으로 되어 있는 6명을 중심으로 다시 재구성[44)]되었고, 〈대전아동문학회〉 역시 많은 아동문학가들과 함께 새로운 시작을 하였다.

---

43) 김영훈, 「대전아동문학회 발자취」, 《푸른 메아리》 제26집, 문경출판사, pp.175~181.
44) 전영관 「충남 아동문학의 형성과 활동 현황」, 『충남근현대예술사』, 충남근현대예술사 편찬위원회, 2016, 11, p.220.

3) 제3기 대전아동문학기

1989년 대전이 직할시로 승격하여 행정구역이 분리된 후에도 8년 동안을 대전 · 충남아동문학으로 유지해 오던 아동문학이 비로소 1997년 1월 1일자로 〈충남아동문학회〉로부터 분리[45]하여 정식 〈대전아동문학회〉로의 새로운 출발을 하였다.

〈대전아동문학회〉의 출발은 정만영 · 김영수를 주축으로 박철우 · 조상국 · 유동삼 · 전영관 · 김영훈 · 박진용 · 김명수 · 리헌석 · 송근영 · 홍재헌 · 이홍종 · 김영범 · 이예복 · 조혜식 · 송계헌 · 김재수 · 류인걸 · 김숙자 등을 중심으로 구성되었다.

역대 회장으로는 한상수 · 구진서 · 이서인 · 김영수 · 정만영 · 김영훈 · 전영관 · 박진용 · 류인걸 · 이문희 · 채정순 · 박순길이 맡았고 1년에 한 번 8월에 《푸른 메아리》를 발간하고 8월 15일에는 출판기념회와 세미나를 개최했다.

2017년 대전아동문학회 활동 작가로는 동시에는 김명수 · 김숙자 · 김영범 · 김영수 · 김점옥 · 김희주 · 남락현 · 남순이 · 류인걸 · 박순길 · 박종국 · 우순남 · 유동삼 · 이문희 · 이종욱 · 이홍종 · 임종호 · 조혜식 · 채정순 · 하복실 · 하인혜 · 한금산 등이 있고, 동화에는 김영훈 · 박진용 · 김영희 · 김종진 · 조재석(동수필) 등이 있다.[46]

---

45) 김정헌, 「충남 아동문학의 형성과 활동 현황」, 『충남근현대예술사』, 충남근현대예술사 편찬위원회, 2016,11, p.226.

46) 2017년 송근영(동시), 전영관(동시), 정만영(동화)이 타계했다.

아동문학이 형성되던 초창기는 동화가 강세였으나 1980년대를 지나면서 동시로 등단하는 작가들이 많아졌다. 1990년대 이후 〈대전아동문학회〉에는 동화 작가가 몇 안 되는 상황에 이르렀다.

〈대전아동문학회〉는 매년 《푸른 메아리》를 발간해 8월15일에 출판기념회 및 세미나를 개최했으며 2017년 8월로 제41집을 발간하였다. 매년 8월 15일 출판기념 및 세미나 주제 발표를 해오고 있는데 그 현황을 살펴보면 다음과 같다.

'도덕성 회복을 위한 아동문학'(1989년, 박철우 · 김영수 · 정만영), '아동문학회 현실진단'(1992년, 이예복 · 전영관 · 김정헌), '한국아동문학의 역할'(1993년, 박순길 · 이홍종), '인성교육과 아동문학의 효용'(1994년, 김영훈 · 박숙희), '개방화시대의 아동문학의 역할'(1995년, 변상호 · 박진용), '아동문학의 새로운 방향'(1996년, 김숙자 · 이광희), '아동문학의 조건'(1997년, 김성자 · 김미영), '아동문학의 새로운 작법'(1998년, 채정순), '아동문학의 바른 이해와 창작'(2000년, 박진용 · 이홍종), '인성과 창의성 개발을 위한 아동문학의 역할'(2001년, 김영훈 · 류인걸), '디지털 시대의 아동문학'(2002년, 김숙자 · 김정헌), '어른도 함께하는 아동문학'(2003년, 김영훈 · 이문희), '이 시대 풀어야 할 아동문학 과제'(2004년, 정만영 · 김영훈), '아동문학과 작가 정신'(2005년, 하인혜 · 박진용), '정서함양에 기여하는 아동문학'(2006년, 류인걸 · 신용숙), '학교 폭력과 아동문학 역할'(2007년, 전영관 · 이문희), '전승동화 주제에 대하여'(2008년, 김영훈), '다문화시대의 아동문학'(2

009년, 전영관), '생태환경 수용 양상'(2010년, 이문희), '대전 아동문단의 어제와 오늘'(2011년, 김영훈), '아동문학이 외면당하는 현실진단'(2012년, 정만영), '아동문학의 향토적 언어수용 고찰'(2013년, 김영희), '학생들이 좋아하는 동시'(2014년, 이종욱), '좋은 동시란 어떤 시인가'(2015년, 전영관), '좋은 동화창작, 좋은 동화감상'(2016년, 김영훈) 그리고 2017년 세미나는 대전문학관 세미나실에서 '박순길 작가 문학 포럼'으로 개최되었다. 패널로 김영훈(동화), 류인걸(동시), 김영희(평론)가 발표하였다.

특이점은 2000년대 후반에 들어와 아동문학에 대한 관심이 높아지면서 김창현이 발행하던 〈동시조〉를 〈한밭아동문학회〉[47]문학단체로 개명하여 한밭아동문학 동인지를 발간하고 있다는 점이다. 따라서 대전의 아동문학단체가 두 개가 된 셈이다.

이상에서 살펴본 대전아동문학의 형성은 궁극적으로 시대적 환경의 변화 속에서 미래의 기둥이 바로 아동이라는 인식의 변화가 아동문화운동으로 확산되었고, 전란으로 입은 상처를 보듬어주고 꿈을 심어주기 위해 교육적 교재의 필요성에서 교사들 중심으로 동화·동시 글쓰기 창작 교사 모임이 본격 〈충남아동문학회〉를 출발시켰다는 특징을 가진다.

이후 행정기관이 대전직할시와 충청남도로 분리되며 충남으로부터 〈대전아동문학회〉가 완전 분리되어 오늘에 이르기까지 대

47) 동시로 등단한 윤황한이 맡아 《동시조》에 연이은 호수로 발간하였다.

전아동문학의 형성과정을 고찰하였다.

5. 형식적 특성

형식은 작가의 세계관을 담는 그릇이다. 문학 작품들을 분석해 낼 때 형식과 내용은 상호 유기적으로 연관되어 있어 보는 각도에 따라 효과적인 내용 전달을 위해 형식의 중요성[48]이 강조되기도 한다. 작가가 전달하고자 하는 내용을 효과적으로 전달하기 위한 형식의 틀을 어떻게 만들고 구성하느냐에 따라 작품의 맛과 질이 달라져 내용 전달의 그릇으로 작용하여 작품의 미학적 측면을 드러내는데 중요하다.

따라서 작가 작품에 대한 내용 분석에 앞서 형식을 살피는 것은 당연하다 할 것이다. 작품의 형식은 하나의 기호 역할을 한다는 전제하에 그 기호들이 전체의 구조 속에서 어떤 의미망을 형성하여 드러내고 있는지 작품들 사이에 놓인 연관성을 발견하는 과정이다.

아동문학에서도 작품을 통해 감동을 받고 정서나 인격의 성장에 영향을 주며 삶의 질을 향상시킴을 지향한다는 점에서 성인문학과 다르지 않다. 그러나 미성숙하여 성장해 가는 과정에 있는

48) 독일 철학자 게오르크 프레드리히 헤겔이 1821년에 쓴 「대논리학」에서 '형식이 내용을 지배한다'고 하였다.

아동을 대상으로 한다는 점에서 성인문학과는 다른 측면을 가지고 있다. 아동문학의 이러한 특수성[49]을 의식해 지나치게 예술성보다 교훈성을 강조한다든지 그렇다고 예술성을 지나치게 의식한 나머지 아동의 생활과 멀어진다든지 하는 태도는 바람직하지 않다. 동시에서의 리듬과 운율, 이미지의 형상화와 동화에서의 구성과 인물성격의 묘사 등 형식적인 측면은 문학성을 드러내는 중요한 요소들이다.

본고에서 작가들의 작품을 가능하면 모두 살펴 그 작가의 경향이 잘 드러난 작품을 선정하려 하였다. 여러 경향이 섞여 있을 때는 우선 그 작가의 특징을 잘 드러내고 있는 작품을 선별하여 고찰하였다.

1) 동시

(1) 운율과 이미지

대전아동문학의 최근 동시 문단에는 김영수 · 유동삼 · 전영관 · 김명수 · 리헌석 · 송근영 · 박순길 · 채정순 · 이홍종 · 김영범 · 이예복 · 조혜식 · 류인걸 · 김숙자 · 이문희 · 이봉직 · 이종욱 · 하복실 · 김점옥 등의 많은 작가들이 활동하고 있다.

---

49) 아동은 성인에 비해 미분화, 미성숙한 상태이기에 인성이 형성되고 인격도야의 과정에 있다는 점을 고려하여 교훈적이고 도덕성에 어긋나지 않고 윤리적인 내용으로 창작되어야 한다.

먼저, 동시의 속성을 드러내기 위해 사용하는 시적 형상화는 예술성을 높이는데 있어 매우 중요한 요소이다. 좋은 기법에 기발한 발상으로 낯설게 하기를 통해 반전의 묘미를 살리고, 사물이나 현상을 새롭게 보여주며, 자연물을 이미지화하여 현실과 상상의 뛰어난 연결로 이루어지는 감각적 형상화는 동시에서 중요한 부분을 차지한다.

이런 감각적 형상화는 주로 리듬과 이미지를 통해 시적 긴장감을 주며 즐거움을 준다.

> 사락사락
> 가랑잎을 깨워놓고
>
> 포르르
> 산새들을 날아 보내고
>
> 별님과
> 도란도란 속삭이는 눈
> 바람에 나풀나풀 춤추고 와서
> 산과 들
> 하얀 이불로 덮어주었다
>
> 사락사락
> 새하얀 세상 만들 눈오는 밤.
>
> – 김영수, 「눈오는 밤」 전문

'사락사락', '포르르', '도란도란', '나풀나풀' 등은 의성어와 의태어의 반복적인 변화로 시적 리듬이 눈 오는 밤의 정서가 그대로 전달되어 심상적 이미지로 다가온다. 리듬감으로 인해 느껴지는 재미뿐만 아니라 심상적 이미지로까지 구축되는 이중의 효과를 거두고 있다.

가지마다 내려앉은
토실한 봄 이야기
샛노란 부리

– 이홍종, 「꿈꾸는 복수초」 부분

봄이
푸라타너스 나무 품안으로
초록 지느러미를 흔들며 숨어버렸다.

– 전영관, 「6월」 부분

이 두 작품은 비유적 표현방법 중 활유법을 성공적으로 사용하고 있는 작품으로 그 이미지가 아름답다. '토실한 봄', '샛노란 부리', '초록 지느러미를 흔들며 사라지는 봄'을 이루는 은유적 표현이 거느리고 있는 심상 이미지가 매우 세련되었고 감각적이다. 짧은 3행의 구절로도 이처럼 확장된 이미지를 보여줄 수 있음의 가능성을 보여주는 예라 할 수 있다.

나는 이 자리
너는 그 자리

어? 똑같은 자리네

어? 똑같은 빛깔이네

하얀 꽃잎, 노란 꽃술
나는 망초꽃 너는 엉겅퀴
나는 달맞이꽃 너는 쑥부쟁이.

– 김명수, 「풀꽃이 풀꽃에게」 부분

중첩 이미지를 사용해 음악적 효과를 거두고 있는 시이다. 늘 그 자리를 지켜주어 고맙다는 마음을 반복적인 운율과 의미로 중첩을 이뤄 재미를 더 한다. 또한 대구를 이루어 읊조리는 의미가 정답다.

샛고개를 뚫은 굴길
부를수록 힘이 나요

샛고개굴길 읽어 보면
정다운 짙은 향기

굴길은
여럿이 밟아도
다시 살아났어요

– 유동삼, 「샛고개굴길」 전문

시룽골 마을 없어지고
금동 초등 우뚝 섰다

거문고 우는 소리
시롱시롱 하였는데
금동이
눌러 앉으니
거문고 소리 안 난다.

– 유동삼, 「시롱골(마을)」 전문

유동삼 시인은 초장, 중장, 종장의 3장으로 이뤄진 동시조를 많이 창작하는 시인으로 위의 두 편의 시 역시 동시조로 군더더기 없는 표현이 세련되어 있다. '샛고개굴길'이나 '시롱골' 등은 대전의 옛 지명이다. 대전의 아름다운 지명을 제목으로 노래하듯 짧고도 감각적인 시어로 쓴 시조가 이 시인의 특징이라 할 수 있다. '시롱골' 마을이 없어지고 '시롱시롱'하였다는 표현은 '샛고개굴길'처럼 한 단어 속에도 운율이 살아 있어 재미있다.

(2) 시적 구조의 독창성

달그락 끼니마다 설거지 합창소리
졸졸졸 수돗물이 반주곡 들려주면
어머니
손가락마다
이슬 꽃이 핍니다.

아기는 엄마보고 나들이 가자하고

멍멍이 검둥이는 옷자락 물고 당겨
어머니
사랑마음을
저울질해 봅니다

오고는 손님맞이 날마다 바쁜 손길
청소도 쓱싹쓱싹 식사도 뚝닥뚝닥
어머니
고운손길에
웃음 꽃핀 우리집.

– 김영수, 「어머니」 전문

김영수의 시는 정형의 율조를 지니면서도 재미있는 변화를 구사한다. 3 · 4, 3 · 4 /3 · 4, 3 · 4/ 3/5 /4 · 3의 운을 맞춰 3연으로 노래한 동시다. '달그락', '졸졸졸', '쓱싹쓱싹', '뚝닥뚝닥' 같은 의성어를 재미있게 활용해 동시의 음악성을 잘 살려내고 있고 다시 변격으로도 보여주고 있어 재미를 더해 준다. 최근에 발표하는 시들에서도 이러한 정형의 운율을 자주 사용하고 있는데 이 시인의 특징으로 뽑을 수 있다.

바닷가 둑길가득
누나가 앉아있다
빨강꽃 립스틱돼
곱게도 단장하고
바람결

여린 손길에
나풀나풀 손짓해

바닷가 둑길 가득
누나의 목걸이알
빨강색 노랑색알
보석알 매달고서
갈매기
훨훨 나르듯
꿈을 실어 보낸다

해당화 곱게 피면
소금밭 풍년 들고
염부의 얼굴마다
소금꽃 피어나듯
보석알
고운 열매가
햇빛받아 빛난다.

– 김영수, 「해당화」 전문

이 동시에서는 3 · 4/3 · 4/3 · 4/3 · 4/3/5/4 · 3 으로 3연의 연시형태로 변형을 이룬 작품이다. 누나를 빨강, 노랑의 경쾌한 색채 이미지로 시에 입혀 제시한다. 이외에도 「굴둑새」 같은 작품에서는 3 · 4, 3 · 4 /3 · 4, 3 · 4//3/5/4 · 3 //3 · 4, 3 · 4 /3 · 4, 3 · 4 //3/5/4 · 3//3 · 4, 3 · 4 /3 · 4, 3 · 4//3/5/4 · 3 의 형태로 변형을 주며 '포르르', '살랑살랑' 같은 의태어 활용으로 동시를 맛깔나게

한다.

여름밤 하늘에
별이 저렇게 많은 줄
이제야 알았다
어제는 장대로 별을 털어
옥수수랑 구워 먹었다
오늘도 장대로 별을 털어
감자랑 구워 먹었다

2박 3일 캠핑장에서
밤마다
혼자 한 일.

– 이봉직, 「별을 구워 먹었다」 전문

나는 엄마의
그릇

크기와 깊이를
엄마만 상상해 놓은 그릇

엄마는 나를
얼마나 큰 그릇으로 만들려고
이렇게 많은 학원에 보낼까?

고무줄도 너무 잡아당기면
끊어진다는 걸

엄마는
일부러 잊고 있다.

– 이봉직, 「상상의 그릇」 전문

위 두 편의 이봉직 시는 재미가 있으면서도 반전이 있다. 심리적으로 아동의 실생활에 가장 가까이 다가와 있는 시인이다. 사실적인 경험이 녹아 있고, 상상의 확장을 이뤄 반전의 즐거움과 깨달음을 주는 동시이다.

최근의 작품들에서 형식이 매우 자유로워졌음은 주목할 만하다. 외형의 운율이 대부분이었던 지금까지의 형태에서 벗어나 내재율의 산문 동시를 선보이고 있고, 2017년에는 좀더 파격적인 형태로 '어린왕자'의 이야기를 끌어와 환기하는 울림을 더하여 주는 동시를 발표[50]하였다.

글쎄, 우리 동네 붕어빵 아저씨는 자기네 가게 붕어빵은 매일 새벽 강에서 그날그날 팔 만큼만 직접 낚시로 잡아온 거라지 뭐야. 그래서 나는 아빠 낚싯대를 메고 나가 붕어빵 가게에 드리웠지. 그랬더니 붕어빵 아저씨가 붕어빵 장사 몇 년에 자기 맘을 알아주는 손님은 내가 처음이라며 월척으로만 골라 주시더라니까.

– 이봉직, 「붕어빵 낚시」 전문

오늘은 게임 안 하고
공부만 할게요

50) 이봉직, 『새싹 감별사 모집』, 섬아이, 2017.11.

아무리 말해도 믿지 않는다

기어코 한번
우리 방문을 열어 본다.

– 이봉직, 「어른들은」 전문

이봉직 시인의 동시들에는 기존의 시에서 볼 수 없었던 시적 형태의 변형을 이뤄 재미를 더한다. 아동의 실생활 속에 있을 법한 이야기를 아이 마음의 눈높이로 생각하고 말을 건넨다. 어른을 향한 깨달음의 말을 건네기도 하고 어린왕자의 이야기를 데려다 동시의 내용과 어울리게 한 편의 시로 시적 영역을 확대시킨다.

이러한 동시의 형식은 최근에 나타난 특징으로 독창적이라는 점에서 고무적이다.

다산 정약용의 유적지를
돌아보다가

자식들에게 물려줄 것이라고는
근검밖에 없었다는
설명문을 보고

근은 부지런하다는 뜻이고
검은 검소하다는 뜻이라고
할머니가 설명해 주셨다
부지런하다는 뜻은 알겠는데

검소하다는 뭐에요?

다섯 살짜리 동생이 먼저 대답했다
검은 소, 그러니까 물려줬지.

– 한금산, 「검은 소」 부분

한금산의 시는 아직 분화하지 않은 천진한 아가의 뜻풀이가 엉뚱해 웃음을 자아내게 한다. 마지막 다섯 살 아이의 뜻밖의 천진한 대답으로 눙치는 5연의 마무리가 재미를 극대화한다. 시에서의 반전이다. 한금산 시인의 장점이기도 하다.

2) 동화

아동을 대상으로 하는 아동문학은 미완의 상태의 가치관 형성기에 있는 아동을 대상으로 한다는 점이다. 그래서 성장 시기의 특성을 고려해 주제를 담고 흥미를 주어야 한다. 효과적으로 내용을 전달하기 위해 적절한 호기심과 관심을 유도할 수 있는 표현기법들이 활용되어야 할 것이다.

이러한 표현기법들에 대한 검토는 작가가 전달하고자 하는 내용을 어떤 모양으로 만들어 아동의 호기심을 충족시키며 재미있게 전달하느냐 하는 문제로 작품 내용의 의미 전달에 앞서 재미와 호기심 유발을 담을 그릇이라는 점에서 중요하다. 아동문학의 구성은 필연구성으로 이야기 중심으로 발단, 전개, 위기, 절정, 결말의 구성을 통해 신선하고도 재미를 고려하여 구성한다.

(1) 인물창조와 사건

동화는 서사적 문장으로 허구이든 환상적이든 또는 우화적이든 전설적이거나 신화적이든 포괄한 개념[51]으로 어린이가 읽을 수 있어야[52]하고 소재의 선택이나 구성 방법과 표현의 기교, 어휘의 선택, 문체 등을 알맞게 고려하여 창작하여야 한다.

단순한 상황묘사보다는 선명하고 굴곡 있는 사건중심의 이야기가 들어 있어야 하고, 인간애 넘치는 마음이 깔려 있어 궁극적으로 교육적이어야 한다. 또한 당연히 읽을 어린이의 연령을 고려하여 내용, 어휘와 분량, 표현을 생각하여야 한다.

인물은 동화의 기초를 세우는데 중요한 요소이다. 캐릭터가 주는 이미지에 따라 작품의 분위기를 재미있게 끌어가기도 하고 지루하게 이어갈 수도 있다. 아동은 자기들의 실생활과 연결될 때 흥미를 가진다. 지나치게 훌륭하고 모범적인 인물보다는 일상에서 만날 수 있는 개성 있고 생동감 넘치는 주인공을 더 좋아한다. 아동은 작품 속의 인물에 쉽게 동일시하고 공감하는 특성을 가지

51) 최지묵, 「동화의 조건」, 『아동문학평론』 제20호, 아동문학평론사, 1981, p.10.

52) 쉬워야 한다는 뜻만이 아니라 어린이가 관심을 가질 수 있어야 한다. 그렇다고 어린이 생활에 밀착되어 있어야만 한다는 뜻과는 다른 것으로 환상적인 내용에서 현실 생활에 이르기까지 어린이가 상상하지 못했던 신비한 세계나 관심을 가져야 할 세계, 궁금해 하는 세계 등이 포함되어야 함을 의미한다.

고 있기 때문이다.

대전의 동화 작가로는 정만영 · 김영훈 · 박진용 · 김영희 · 배경숙·김종진 등이 있다

박진용의 동화 속 인물 성격은 대체로 농촌을 배경으로 생활하는 배운 것 없지만 우직하고 순박하다. 다양한 소재들로 재미있고도 감동적인 주제를 담아내면서 매 작품마다 새로운 기법을 선보이며 동화의 다양한 지평을 개척한다. 특히 서사구조가 단단한 특징을 보이고 있는 그의 작품에는 상황묘사를 넘어 이야기를 이끌어 가는 서사구조의 구성력이 좋다.

> "보름날 지나서 노는 놈은 쌍놈여."
> 어른들은 이렇게 으름장을 놓았다. 보름이 지나면 본격적인 농사 채비에 들어가기 때문에 빈둥거리며 노는 것을 막으려는 속셈이었다.
> 그래서, 아이들은 어른들의 눈치를 살펴가며 놀 수밖에 없었다. 신나는 불놀이나 연날리기는 할 수 없었고, 자치기나 목치기, 딱지치기가 고작이었다.
> 그것도 어른들의 눈을 피해서 양지쪽을 찾아다니며 해야 했다.
> 그런 아이들의 놀이터로 가장 좋은 곳은 뒷동산이었다. 크고 작은 묘지가 군데군데 있고, 주변은 잔디로 덮여 있었다.
> 그리고 왼종일 따스한 햇살이 들었으며, 산등성이가 찬바람을 막아주었다.
> 학교가 끝나면 아이들은 이곳으로 모여들었다.
>
> — 박진용, 「숙제 없는 나라의 왕자」 부분

「숙제 없는 나라의 왕자」에서 구장댁 머슴인 수팔이는 약간 모자라 보이지만, 힘이 세고, 재미있고, 신기한 이야기를 많이 알고

있다. 호기심이 가는 순수함을 가졌으며 동네 어린 아이들에게 골림도 당하고 무례하지만 우직한 순수성을 잃지 않는 인물이다. 아동에게 도덕성을 일깨우면서도 융통성 있는 인간적 면모도 보여준다. 뚜렷한 주제의식을 바탕으로 한 재미로 이끄는 반전이 있다.

> 그가 과일나무를 기르는 동안 처음에는 아이들이 과일 따먹는 것을 보고 혼을 냈지만, 뒤에는 아이들에게 과일은 따먹되
> 첫째 몰래 따먹지 말 것.
> 둘째 덜 익은 걸 따지 말 것.
> 셋째 과일 나무를 꺾지 말 것.
> 등 세 가지 조건을 붙인다. 이러한 조건을 단 꿩서방은 그 아이들을 어쩌면 아직도 자신이 목 타게 기다리고 있는 아들 금배로 여기고 있기 때문인지도 모른다. 그러나 그들에게 아낌없이 과일을 주던 꿩서방은 어느덧 나이를 먹어 늙어 간다. 마을 사람들은 그를 안타깝게 여기면서 아내와 아들 금배를 찾는 광고를 신문에 낸다.
>
> – 박진용, 「하늘나라 과수원」 부분

「하늘나라 과수원」의 꿩서방(김순돌) 역시 수몰 지구에 사는 인심 좋은 사람이다. 과일 서리에 있어 엄격하지만 인간적인 규칙을 세워 아이들에게 아량을 베푸는 인간으로 그리고 있다. 그의 작품들은 대부분 농촌을 배경으로 하여 넉넉한 인심을 읽을 수 있다.

> "할아버지 이 노루 어떻게 할 거야?"
> "어떻게 하긴. 느이 할무니 어지럼병엔 노루 피가 최고여, 알간? 고기는

내가 보신 좀 해야 쓰겠다."

"아이 불상해. 살려 주자……/"

"떽기놈, 말 같은 소리 하지 마."

"아기노루잖아?"

"웅, 그랴. 뿔도 아직 안 났으께 노루 새끼지."

"아이, 불쌍해."

– 박진용, 「빨간 목도리」 부분

"죽어가는 생명들을 살려주면 별이 될 수 있어. 저 하늘에 수많은 별들이 다 그런 사람들의 영혼이야 (생략) 작은 별들을 살려 준 별들이고 저렇게 큰 별들은 사람을 살리고 죽은 의로운 영혼이래."

박진용의 작품은 사실적 요소가 강하나 「별들이 사는 마을」과 「별이 되고 싶은 아이」에서는 여러 개의 작은 이야기들을 한 주제로 엮어 동물 사랑이나 사람에 대한 지극한 사랑을 담은 휴머니즘을 지향하고 있다.

정만영은 「광일이와 워리」, 「꿈이 피는 나무」, 「꿈을 베고 잠든 아이」 등 많은 작품에서 순박한 인물들이 등장한다.

나는 가지가 부러진 곳의 아픔도 잊고 수경이에 대한 걱정으로 마음을 조였습니다.

'죽지 말고 살아야 할 텐데.'

하루가 가고 이틀이 지나도 수경이는 나타나지 않습니다.(생략)

스무날이나 볼 수 없어서 내 마음을 초조하게 했던 수경이가 나타난 것입니다. 다리에는 붕대가 감겨져 있었으며 얼굴은 해쓱했습니다.

"엄마, 봉숭아! 죽지 않고 꽃을 피웠어. 아이고 좋아라. 병원에서도 저 봉숭아를 잊지 못했는데."(생략)

나는 수경이를 위해 그리고 나에게 관심을 보인 모든 이들을 위해 더욱 아름다운 꽃을 피울 것을 다짐했습니다.

– 정만영, 「봉숭아」 부분

"아주 값진 것으로서 굳이 무게로 따진다면 지구 땅덩어리만큼은 될걸."

"어째서요?"

"이 지구는 하느님이 만드셨잖니? 빛과 어둠, 물과 바다, 동물과 식물 등 모두를. 그것도 장난삼아 만든 게 아니라 당신의 모든 사랑을 몽땅 담아서 만일 하느님의 사랑이 없다면 지구가 만들어졌겠어? 그러니 지구의 무게는 하느님의 사랑 무게만큼이 아니겠어? 사랑은 이토록 값지고 소중한 거란다."(생략)

"그래서 나는 사랑이란 것을 굳이 무게로 셈해 낸다면 지구 땅덩어리만큼은 될 거라고 생각한단다."

– 정만영, 「사랑의 무게」 부분

「사랑의 무게」는 아동들에게 인간에 대한 사랑이 값진 삶이라는 것을 가르쳐 주고 싶어한다. 도시화로 인해 인간 소외문제가 다양한 사회문제로 번지는 요즘 아동들에게 사랑에 대한 가치를 일깨우고자 하는 휴머니즘이 들어 있다.

그의 동심과 간절함을 이기지 못한 엄마는 아빠를 불러 장대로 달을 따 달라고 한다. 아빠는 장대를 가지고 굴참나무 꼭대기까지 올라가 따려 했으나 달이 따질리가 없다. 그때 신령님이 나타나 소원을 들어주겠다며 아기 토끼를 데리고 맑은 옹달샘가로 간다. 맑고 잔잔한 샘물에서는 하늘의 달님이 비춰져 벙싯벙싯 웃고 있었다. 아기토끼는 소원이 성취되어 '아, 달님' 하고 소리친다.

– 김영훈, 「아기토끼의 달님」 부분

김영훈은 향토성 깊은 친자연적인 것에서 소재를 데려와 맑은 동심을 리얼리티에서 판타지로 변환시켜 순수성을 가진 인물을 보여준다. 또한 토속적이고 모든 것에 영혼이 있다고 믿는 샤머니즘적 인식도 보인다. 인간 본연의 원시성이나 순수성으로 회귀하고자 하는 동심이 깔려 있다. 이는 그의 할머니로부터 자라면서 받은 영향일 것이다.

할머니의 이야기는 끝이 없었다. 겨울에는 화롯가에 고구마와 알밤을 구웠고, 더러는 이를 잡으면서도 옛날이야기를 들었다. 여름에는 삶은 감자나 노오란 옥수수를 먹으면서도 달걀귀신, 도깨비 이야기 그리고 그 외에도 수많은 구전동화를 들었다.(중략) 한편으로 곰곰이 따져 보면 유년 시절에 들은 할머니 이야기 등이 무의식적으로 머릿속에 잠재되어서 그랬지 않나 싶다

– 김영훈, 「솔뫼의 삶과 문학이야기」 부분

그러나, 차츰 농촌 환경을 배경으로 주제가 다양하게 변환되는 양상을 보여 주며 강인한 인물들로 변이되는 양상을 보인다. 청소년 장편동화 『장군님의 말씀』에서는 역사의 현장 속으로 모험을 떠나는 적극적인 인물을 그리고 있다.

"주만아, 저 왕릉 속으로 들어가 보지 않을래?

"왕릉 속으로? 어떻게?"

그때 나는 도치의 말에 깜짝 놀랐다. 난 감히 생각도 못했던 일이었다.

"응 저 속에 백제의 비밀이 숨겨져 있을 수도 있잖아?"

(생략)

"나는 언제인가 저 속에 들어가 백제의 비밀 상자를 꺼낼 거야. 무덤 저쪽에는 누군가가 딴 세상에서 살고 있을 수도 있으니까."

– 김영훈, 「장군님의 말씀」 부분

나는 중학교 3년 시절을, 3·15 부정선거, 4·19 학생혁명, 5·16 군사혁명 등의 시대적 소용돌이 속에서 지냈다. 특히 4·19는 입학한 지 얼마 안 되는 중1 때에 일어났다. 나는 마침 그날 충남도내 우수입학자를 대상으로 한 장학생 선발고사를 치르기 위해 대전고등학교 교문을 들어섰었다. 그러나 '장학생 시험 무기연기'라는 방을 보고 마악 내가 돌아섰을 때 대전전신전화국 쪽에서 완전무장을 한 군 트럭 대여섯 대가 대고 5거리 쪽으로 시가지를 장악하면서 서서히 질주하고 있었다. 그날의 '4·19의 아침'은 내게 각인이 되어 있다.

– 김영훈, 「솔뫼의 삶과 문학이야기」 부분

그는 역사인식에 대한 의식도 보이는데 한국의 근현대사의 굵직한 사건들과 맥을 같이하여 살아낸 생애사적 경험들에서 온 결과로 보인다. 인물들은 대체로 풋풋한 시골의 정감을 갖고 있으면서도 모험적이면서 어려운 시대적 상황 속에서 안주하지 않고 잃어버린 것을 회복하려는 적극적인 인물성격이 많다. 역사인식에 노출시키는 구성력이 자연스럽다. 초기 리얼리티로 출발해 판타지기법을 활용해 구성의 변화를 주며 다양하게 변이되는 양상으로 전개해 가는 점에서 특히 그렇다. 최근 발표한『장군님의 말씀』에서는 다소 무거운 주제를 리얼리티와 판타지 기법을 사용해 과거와 현재를 오가는 방법으로 재미있는 첫사랑 이야기를 얹어 주제를 실어 나르는 복선 구성이 재미와 주제 전달에 성공하고 있다.

(2) 표현 기법

아동문학은 다른 장르와 달리 아동의 성장 단계를 고려한 특수한 문학이다. 재미를 고려하면서도 박진감 넘치는 빠른 장면의 전환을 위해 환상(Fantasy)기법이나 전승적 표현기법을 활용한다. 판타지는 억압된 무의식을 표출하게 하여 현실세계에서의 어려움과 고민 억압된 감정들을 해소시켜주는 역할을 한다. 아동문학은 이야기 중심으로 발단, 전개, 위기, 절정, 결말을 통해 신선하고도 재미를 고려하여 구성한다.

아동문학은 아동들이 읽고 싶은 관심사에 대한 호기심을 자극해 주고 어려움에 능동적으로 대처할 수 있는 내용을 고려해야 한다.

박진용 동화의 기법들은 다양하여 이야기를 담고 있는 서사적 실험 동화가 특징이다. 한 주제 아래 여러 개의 이야기를 엮는 연작동화 형태로 주제의식이 강한 특징을 보인다. 반전을 통해 재미를 주는 작품이 많다.

「별들이 사는 마을」에서 보면 끝에 극적 반전을 이루는 기법으로 아동에게 재미를 선물한다.

'사우디에서 오랫동안 일을 하고 고향으로 돌아오는 아빠를 기쁘게 하기 위해 환영식을 준비하느라 바쁜 모녀에게 갑자기 사고로 입원해 있다는 전화가 걸려온다. 소지품으로 아빠임을 확인하고 수술실 앞에서 아빠를 기다리다 쓰러진 엄마를 찾아 아빠가 병원으로 멀쩡히 들어온다. 수술실에 누워 있는 사람은 알고 보니 아빠의 가방을 훔친 날치기범이었다.'는 내용으로 끝에서 아슬아슬한 반전을 가져온다. 이야기 중간에 액자처럼 몇 개의 이야기들이 들어 있는 구성으로 재미를 주기도 한다. 「별들이 사는 마을」은 또 '고무줄총', '때까치', '새장', '눈 내리는 밤' 같은 네 개의 이야기를 연작의 형태로 이어나가지만 하나의 주제로 이어가는 기법의 통일성을 이룬 작품이다. 또 동물을 의인화하는 풍자기법을 사용하기도 한다. 「거꾸리 아저씨와 박사돼지」, 「박사돼지의 꿈」, 「호랑이와 가죽신」 등에서 동물을 의인화하여 아동들에게 들려주고 싶은 이야기를 재미있게 들려준다.

> 박사돼지는 아들과 딸에게 날마다 귀가 아프도록 훈계를 합니다.
> "살찌는 것은 자살행위다. 공부 외에의 시간은 운동을 해라. 예습과 복습을 철저히 하고 공부할 때는 잡념을 버려라. 학교나 학원에서 모르는 것이 있으면 서슴지 말고 질문해라."
> 아들과 딸은 박사엄마의 말을 절대적으로 따랐습니다.
> 확실히 엄마는 다른 돼지네 엄마들 하고는 다릅니다.
> 우선 식구들 숫자부터 차이가 납니다. 다른 돼지네 집은 보통 열 식구가 넘는데, 박사돼지는 남매밖에 낳지 않았습니다.
>
> – 박진용, 「박사돼지의 꿈」 부분

"증말여. 개구리 잡아먹고 뱀한테 물려 죽은 사람이 있다니께."

"형이 봤어?"

"그러엄."

"치잇, 그럼 형은 왜 개구리고기를 그렇게 많이 먹었어?"

"나는 암만 먹어도 괜찮아."

박진용 동화는 충청도 사투리를 사용하여 구수한 인물성격을 효과적으로 전달하는 점이 돋보이는데 순진함과 함께 때론 능치며 말씨가 거느린 효과를 잘 활용하는 작가이다.

정만영은 환상기법과 리얼리티를 섞어 휴머니즘의 내용을 잘 표현하는 특징이 있다. 작품 구성의 과정을 정확하게 그려내는 장점을 가지고 있는 작가다. 교훈성과 예술성을 갖춘 서사구조를 갖춘 작품들이 많다는 특징도 가지고 있다. 「하교 길」, 「봉숭아」, 「사랑의 무게」, 「백화점 안의 금붕어 사진사」, 「별님 이야기」 등에서 소소한 이야기를 통해 삶의 지혜를 던지고 있어 감동으로 이끈다.

「백화점 안의 금붕어 사진사」는 네 개의 짧은 이야기로 이뤄진 동화다. '노랑이가 찍은 첫 번째 사진'은 백화점 안 액세서리 가게에 온 손님이 꽃무늬 반지가 없음을 이유 삼아 만지작거리다 투정을 부리고 가버리는 손님을 찍은 금붕어 사진사, '노랑이가 찍은 두 번째 사진'에서는 진품 같은 가짜 시계를 결혼하는 부부에게 파는 양심을 찍는 사진사, '빨강이가 찍은 첫 번째 사진'에서는 문방구에서 산 물건 거스름돈을 너무 많이 받아 다시 돌려주러 온

미선이를 찍은 사진사, '빨강이가 찍은 두 번째 사진을' 구걸하러 온 아이가 여러 가게를 돌며 면박을 당하는 모습을 지켜보던 청소부 아줌마가 건네는 따뜻한 인정을 찍은 사진사, 이 네 컷의 짧은 이야기를 통해 선과 악의 주제를 선명하게 대비해 보여준다.

3) 아동극

아동극은 아직 육체적, 정신적, 사회적으로 성숙되지 않은 아동들이 사회화 과정에서 발생할 수 있는 문제들을 소재로 삼아 잠재능력을 최대한 발현시켜 성장의 극대화를 도모하는 것을 목적[53]으로 한다.

아동문학 분야에서 가장 뒤쳐진 분야가 바로 아동극이다. 대전의 아동극은 1968년 무렵 최문휘가 조직한 〈엘리자베스극회〉를 중심으로 하여 대전 청소년회관에서 공연을 하며 전성기를 누렸다. 이 무렵 최문휘, 구진서, 김용복과 함께 1972년 「꽃자리 마을」로 문화공보부가 공모한 신인 문학상을 수상한 변상호가 가세하며 아동극이 활발해진다.

아동극은 아동을 관객으로 극 형식을 갖추어 주로 학예회나 교실 안에서 이루어졌다. 한편, 아동극을 활성화시킨 최문휘 극작가는 1968년 〈엘리자베스극회〉를 조직하여 대전지역의 초등학교

53) 한상수, 「대전 아동문학의 회고와 전망」, 《호서문학》.

어린이들을 대상으로 원동초등학교(구, 동구청 자리) 강당에서 방과 후 동극 지도를 하여 청소년회관에서 동극발표회를 개최[54]하며 아동극을 보급하려 애썼다.

이런 대전 어린이 문화운동은 교육부에서 전국교사들을 대상으로 교육하고 승진에 특별가산점을 주면서부터 더욱 활기를 띠고 전국 동극경연대회로까지 확대되어 활성화된다.[55]

이 시기 초등학교 교사이던 변상호는 많은 아동극을 써서 학교 교실의 간이무대에 올렸다. 그의 작품들은 대부분 그 시기의 사회 현실을 담고 있는 작품이 많다. 당시 사회이슈를 고발하려는 의도로 쓴 「갈 수 없는 나라」도 1막 1장부터 4장까지 시대적 가치관을 보여주고 있다. 아버지와 계모 사이에서 불화로 헤어질 위기에 처한 친구를 친구들의 만류에 의해 부모를 이해시켜 결국 입양을 포기시키는 해피엔딩의 이야기로 그 시대 해외입양이 많았던 사회문제를 다루고 있는 아동극이다.

6. 내용적 특성

아동문학은 아동의 성장에 영향을 주어 가치관 형성에 영향을 미친다는 점에서 성인 문학과는 다루는 기법에서 차이가 있다. 먼

54) 최문휘, 『대전 · 충남연극사』, 선인출판사, 1993, pp.208~2011.
55) 변상호(극작가, 아동문학가), 2017. 9월 28일, 증언.

저 아동의 성장수준에 맞아야 하고, 그 시기에 흥미를 느낄 수 있는 내용이어야 한다. 작가 수준이 아니라 아동의 눈높이에서 감동을 주고 마음을 따뜻하게 이끌어 줄 수 있는 내용이라야 한다. 동심을 그리되 아동들이 이해하기 쉬운 문장으로 서술해야 하고, 정서발달을 고려하여야 한다. 새로운 세계를 보여주면서도 깨달음을 주고 더불어 사는 자연과 생명체들의 가치를 인정하고 따뜻한 마음으로 존중하며 다가설 수 있는 내용이라야 한다. 이러한 독자의 한계성이나 소재나 주제 혹은 내용이나 기법 면에서 많은 제한성을 가지고 있다고 해서 문학으로서의 예술성을 간과해서는 안 된다.

아동문학에서 소재는 아동의 신체적, 정신적 특징에 만족할 수 있는 흥미나 발달 단계를 고려하여 다양한 소재를 수용하는 것이 특징이다.

1) 주제 탐구를 통해 본 현실인식

(1) 동시

아동문학은 주로 성장기에 있는 아동의 독자를 대상으로 하는 문학이다. 아직은 미발달 아동의 정서적 성장을 돕고 지원한다는 측면에서 작품 속으로 전달되는 내용은 아동에게 적절해야 한다. 아동이 바라보고 있는 마음의 시선을 이해하고 세계를 보는 창의

수위를 조절해야 하는 일이다. 이것이 바로 무엇을 담아 낼 것인가 하는 내용의 문제이다.

아동들이 처한 전통과 문화 속에 수렴하여 현실의 문제들을 다양하게 바라보는 작가들의 작품 속에 드러내고 있는 주제 양상을 고찰하고자 한다.

> 두 집 건너 사시는 할머니 친구
> 아침나절에 꼭 놀러 오신다
> 아니나 다를까
> 오늘도
> 가만히 할머니 귀에 대고 속삭인다
>
> "강아지 눈 떴어?"
> "글쎄, 나도 모르지"
>
> 별것을 다 걱정하신다
> 하느님 마음이나 무엇이 다르랴.
>
> – 송근영, 「이웃 할머니」 전문

송근영의 동시들에는 인간미 넘치는 풍경 속에 담겨 있는 맑은 인정을 특징으로 볼 수 있다. 「병아리」, 「엄마의 손맛」, 「고등어」, 「우리 손자 말 한 마디가」, 「고향 쑥떡」, 「먹성」, 「기다림」 등 그의 수많은 시편들에는 가족과 이웃의 사소한 것에게도 관심을 주고 염려하는 인간적인 모습을 담고 있다.

하루 일을 마치고
뚜벅뚜벅 소가
점잖게 걸어가고 있다.

무엇인가
골똘히 생각하며
걷는 것 같다
달포 전에 떼어 놓은
송아지를 생각하고 있을까?

한 걸음 한 걸음
정확히 발을 옮긴다
우리 집까지 얼마나 되나
재는 것일까?

할아버지는
콩을 한 바가지 넣고
소의 입맛에 맞는 쇠죽을
소담하게 끓여놓고
동구 밖까지 마중을 나가신다

소와 할아버지는 둘도 없는 친구다.

— 송근영, 「소」 전문

하루 일을 마치고 고단한 몸을 이끌고 돌아오는 소를 보고 달포 전에 떼어 놓은 송아지 생각을 하고 있지나 않은지 마음이 쓰인 할아버지는 콩 한 바가지 넣고 소의 입맛에 맞는 여물을 끓여 놓고 동구 밖까지 마중을 나가는 것으로 보아 동물도 가족의 개념으로 바라보고 소의 마음을 헤아리는 시선이 따뜻하다. 학대의 대상이 아니라 일을 마치고 돌아오는 가족의 마음으로 돌아본다.

하늘에 걸려 있는 무지개가
아름다운 건
서로 다른 일곱 색깔이
잘 어울리기 때문이지
(생략)
서로 다른 사람들이
서로 다른 모습으로
서로 다른 빛깔로 살아가기에
세상이 아름다운 거지.

— 류인걸, 「세상이 아름다운 건」 부분

류인걸의 동시에는 여럿이 어울려 사는 의미를 따뜻하게 그려낸다. 서로 달라 오히려 아름답게 화음을 이룰 수 있고 아름다움을 더할 수 있다는 의미를 통해 나와 다름을 존중하고 인정하는 넉넉한 세상을 꿈꾼다. 개인주의로 인해 단절된 너와 나를 우리로 연결해 주며 서로의 존재로 인해 서로가 빛날 수 있다는 믿음을 환기시킨다.

마지막 남은 한 잎
그 잎새마저
바람 한 점 없는 오후에

힘없이 떨어뜨리고
알몸으로 서 있는
앙상한 나무를 본다.

외롭고 슬픈
하루해를 지키며
오돌오돌 떨면서도
쓰러지지 않고
버텨내는
큰 힘을 본다

아이야! 너는 아니?
그 큰 마음을.

— 류인걸, 「겨울의 문턱에서」 전문

'오돌오돌 떨면서 쓰러지지 않고 버텨내는' 그 강인한 의지의 표현이다. 버텨내고 있는 큰 힘의 주체는 누구일까를 생각해 보게 한다. 간접화법을 통해 '큰 힘'을 응원하고 있다. 아동 스스로 미루어 깨닫도록 하는 화법을 사용하고 있다.

너를 만났을 때
엄마 이름 빌어 쓴 하얀 명찰에
몸무게 2.9키로
키 37센티
멋진 소개서 달고 있었지.

— 이홍종, 「혜원이가 온 날」 부분

들꽃은
들꽃
들꽃이라 부르지만
자랑스런 이름
모두가 갖고 있다

꽃마리
괭이밥
별꽃
애기똥풀
무지개 빛깔보다 고운 이름이 되어

봄
여름
가을
겨울

철따라 곱게 피어
모두가 들꽃이 된다.
– 이홍종, 「야생화 꽃밭에서」 부분

들꽃이 곱거나, 맵시 있는 모양이거나, 작거나, 더러는 촌스럽더라도 모두가 자랑스러운 꽃이고, 소중한 생명임을 환기한다. 처음엔 아주 작은 모습으로 오더라도 누구에게나 기쁨이고 선물이었던 자신의 존재가치를 생각해 보게 하는 생명의 소중함을 일깨운다.

아빠
하고 부르면
아빠는 책장을 넘기며
안경 너머로
– 무슨 일이야
물어봅니다
– (중략)
할머니
하고 부르면
할머니는 하시던 일 멈추고
두 팔 벌려
– 오,,오,,,냐!
안아줍니다.

– 하인혜, 「내가 부르면」 부분

아빠보다 엄마보다 할머니의 사랑을 점층법을 활용해 정감있게 표현을 했다. 요즘은 핵가족화로 인해 할머니, 할아버지의 사랑을 접할 기회가 많지 않음을 감안해 보면 정감이 묻어나는 풍경이다. 평범하지만 따뜻한 대가족의 풍경을 통해 가족의 의미를 환기하고 있다.

절 아래
계곡 옆 돌들은
마하반야 바라밀다
독경을 하며
계곡물을 바라봅니다

절 아래
계곡물 위를 오르내리던 바람은
심심하던 절로 올라가
땡그렁 땡그렁
풍경을 흔듭니다

절 아래
계곡물은 그래서 항상 맑습니다.

– 이문희, 「절 아래」 부분

절 아래의 물을 맑히기 위해서는 그냥 이루어지지 않는다. '땡그랑 땡그랑' 자신을 맑히기 위한 끊임없는 노력을 반복해야 함을 통해 끊임없이 자신의 모습을 돌아보고 일깨우는 연습을 할 때 비로소 맑아질 수 있다는 경계를 이야기한다.

아무리 작은 일일지라도
누군가의 힘을 빌었다면
그에게 솔직하게 고맙다는
인사를 깍듯이 해야 해요

아무리 작은 친절일지라도
누군가의 도움을 받았다면
그에게 진정으로 감사하다는
인사를 정중히 해야 해요.

– 조혜식, 「예절 바른 어린이」 전문

공부를 알아서 하고
심부름을 잘 해주어서
엄마가 사주신 맛있는 과자
늘 두 살 위인 착한 누나는
개구쟁이 동생 먼저 챙기고

— 김희주, 「의좋은 우리 남매」 부분

조혜식, 김희주, 두 편의 동시는 아동의 생활 예절에 대해 교훈성이 솔직히 드러난 동시이다. 힘든 일터에서 일하시는 어머니를 대신해 두 살 위인 누나가 동생을 챙기는 모습을 통해 우애의 중요성에 대해 일깨운다. 개인주의가 만연해 있는 요즘 이웃과 형제자매를 위해 애틋이 서로를 보살피며 우애를 실천하는 가족의 참모습을 보여준다.

내 마음 속에
재판관이 있다.

자기 전
날마다 재판을 받는다.

— 박순길, 「반성」 부분

친구에게 상처 주는 말은 안 했는지 부모 말씀은 어기지 않았는지 착한 일을 실천했는지 하루를 마치는 시간이면 자신의 양심에 비추어 재판을 받는다는 도덕적인 거울에 비추어 늘 자신을 점검하는 마음을 보인다.

산길을 오르다
온몸으로
지팡이가 되는
나무를 보았다
얼마나 많은 손길들
이끌어 주었는지
반질반질 닳아 버린 나무.

― 이봉직, 「산길에서」 부분

힘겹게 올라오고 내려가는 산비탈의 나무 한 그루가 자신의 뿌리까지 내밀어 손잡아 건너는 다리 역할을 묵묵히 하는 모습을 통해 사랑을 실천하는 마음을 보여주고 있다.

지하철 안이
조용해요
언니, 오빠, 어른들 모두
스마트폰 친구와
놀고 있어요.

― 채정순, 「조용해요」 부분

지하철 안에서 서로 대화도 없이 손가락만 까딱거리며 놀고 있는 풍경을 보여준다. 첨단의 문명을 누리고 있는 모습을 부정적으로 그리기도 하고 첨단 기기로 인해 벌어지는 모습을 단편적 풍경을 제시해 보여줌으로 생각을 유도하고 있다.

대전아동문학 작가들의 내용적 주제는 도덕적, 윤리적, 교훈적 내용으로 살아가는데 필요한 덕목들인 우정이나 사랑, 효도, 생명 존중, 인간의 존엄성, 애국, 자연보호, 모험, 인류애 등을 다양하게 표현하고 있다.

(2) 동화

주제는 이야기의 밑바닥에 흐르는 작가의 생각으로 작품에서 중심 사상이다. 아동은 가치관의 미성숙으로 성장해 가는 과정에 있다. 인간의 존엄성, 이웃과 더불어 살아가기에 좋은 내용, 협동, 근로에 대해 신성한 노동의 가치를 심어줄 수 있는 내용, 그 외에도 나라사랑, 평화, 민주적 사상에 뿌리를 둔 주제가 반영된 작품들과 미학적으로 승화시킨 작품을 찾아 현실인식을 엿보려 한다.

> "야 인마, 필요치도 않은 볼펜은 왜 가지고 와서 보채는 거야. 엇 꺼져. 다시는 나타났다가는 이 주먹으로 날려버릴 테니까."
>
> 부처처럼 말이 없는 소년의 눈에서 기어이 눈물이 주르르 흘러내린다.
>
> 그런데 백화점 안을 청소하는 아줌마가 아까부터 이 모습을 지켜보다가 다가와서 머리를 쓰다듬는다. 옆구리에서 꼬기작거리는 돈을 꺼내어 내준다. 소년이 볼펜 한 다스를 내준다. 아줌마가 손을 내저으며 안 받으려 한다. 소년이 자꾸 떠맡기자 할 수 없이 받는다.
>
> 벌써 가을이 깊어졌는지 창으로 비스듬히 비춰오는 밝은 햇빛이 둘의 머리에 살포시 내려와 앉는다.
>
> – 정만영, 「백화점 안의 금붕어 사진사」 부분

정만영의 작품은 휴머니즘을 밑바탕에 깔고 있는 작품들이 많다. 볼펜을 파는 행색이 초라한 소년이 여러 백화점 안 가게를 전전한다. 볼펜을 팔아 달라 내밀자 갖은 모멸의 말과 함께 박대를 당한다. 이를 지켜보던 백화점 청소부 아주머니가 볼펜을 사 주는 인간적인 배려를 실천하는 모습을 담은 따뜻한 동화다. 약자의 입장을 헤아리는 훈훈한 인간미가 묻어나는 이야기다.

"할아버지 힘들어?"

"아니다. 괜찮다. 거기서 쉬면서 하늘과 땅과 나무의 노래 소리를 들어보렴. 얼마나 아름답니. 사람들은 저렇게 훌륭한 소리에 귀기울일 줄 모른단다. 모두들 바쁘게 사느라 네 엄마와 아빠도 마찬가지야." 할아버지는 나무들 사이로 내려다보는 하늘과 눈을 맞추며 아쉬운 표정을 지으십니다.

– 김종진, 「하늘을 담은 하늘이」 부분

자연의 아름다움에 대해 알게 되는 하늘이는 어르신이나 자연의 아름다움에 관심을 가져 주는 따뜻한 이웃을 향한 마음이 필요함을 말하고 싶어한다.

하루는 수경이 엄마가 수경이에게 비닐 자루와 호미를 들려 가지고 나타났습니다.

"이봐, 봉숭아 잎의 색깔이 누렇잖니?"

"응."

"이건 영양이 부족하다는 증거야. 그러니 거름을 주자." 수경이 엄마는 내 뿌리가 상하지 않을 만큼의 깊이로 그루터기 아래를 팠습니다. 그다음에는 자루 속의 썩은 나뭇잎가루를 넣는 것이었습니다. 흙을 덮고 물을 듬

뿍 주었습니다.

며칠이 지나자 나는 온몸에 힘이 솟았습니다. 누렜던 잎은 날로 푸르러졌고 더욱 튼튼하게 자랐습니다.(생략)

나는 수경이를 위해, 그리고 나에게 관심을 보인 모든 이들을 위해 더욱 아름다운 꽃을 피울 것을 다짐했습니다.

– 정만영, 「봉숭아」 부분

마음을 써 준 것에 대한 고마움을 잊지 않고 보답하려는 진정성 있는 자세에 대한 교훈을 표현하고 있다.

(3) 아동극

아동극은 육체적 · 정신적 · 사회적으로 성숙되지 않은 아동을 대상으로 사회화 과정에서 발생할 수 있는 모든 문제들을 소재로 삼아 정서적 흥미를 유발시키고 아동의 잠재적 능력을 발현시켜 성장을 돕는 것을 목표로 한다.

아동문학 장르 중 가장 취약한 부분이 아동극이다. 작가가 몇 안 되니 작품 역시 빈약하다. 1960년도 말 시작된 아동문화운동의 일환으로 활발하게 시작된 아동극은 얼마 안가 불씨가 사그라지고 만다. 1972년도 최문휘를 중심으로 오청원, 변상호, 김병수, 김팔주 등에 의해 아동극을 새롭게 활성화해 보려는 움직임이 있었으나 곧 한계를 드러내고 만다.

대전 아동문학가 중 아동극 작가는 변상호 작가가 거의 유일하다. 2016년, 《푸른 메아리》 40집에 배경숙이 「아빠엄마 속상하게 하기」 아동극 한 편을 발표한 적이 있었으나 변상호 작가가 거의 유일하다. 변상호 작품을 중심으로 고찰한다.

변상호는 1972년 문화공보부 현상모집에서 「꽃자리 마을」이 당선되어 활동을 시작한 작가로 1970년대 아동극의 기초를 마련[56]하였다. 변상호 아동극의 주제는 다양하게 나타난다. 초등학교 교사였던 그는 당시 사회문제가 되고 있는 다양한 이야기를 교실에서 직접 아동극으로 올려 교육에 활용한 작품들로 70~80년대의 문제들을 다양하게 아동극의 주제로 형상화하고 있다.

「꽃자리 마을」은 저축을 장려하는 근검절약 실천이 중요함을 알리며 왕골을 짜는 기술을 배워 가난을 극복하려는 주제가 담긴 아동극이다. 「갈 수 없는 나라」에서는 가난으로 인해 가족과 함께 살지 못하고 낯선 해외로 입양되어 많은 어려움을 겪으며 살아가는 문제를 다루고 있다. 세계 1위에 달하는 해외입양 문제에 대한 사회의식을 다루고 있음을 볼 수 있다.

한수 : (얼굴을 찡그리며) 이걸 보란 말야!(헛발질을 한다)
연화 : 깜빡 몰랐네. 운동화가 터졌구나. 어서 벗으렴, 기워 줄게.
한수 : (벗어 던지며) 이런 건 싫단 말야.
연화 : 누나가 예쁘게 기워 줄게. 응?(운동화를 줍는다)
한수 : 그럼 빵이라도 사란 말야. 누나 돈 있는 것 봤어.
연화 : 군것질 하는 대신 저금하기로 했잖아? 엄마가 병원에 입원해서 나으신 것도 저축한 탓 아냐?

---

56) 〈에리자베스극회〉를 창단한 최문휘의 회고.

한수 : 몰라, 몰라. 난 당장 새 운동화 신고, 빵도 먹고 싶단 말야, 알겠어?

연화 : 아빠 오실 때까지만 참자. 아빠가 오시면…

– 변상호, 「꽃자리 마을」 1막 부분

민재 : 우리나라 어른들이 버린 어린이가 유럽에만 4만 명이 설움 받고 크는 걸 아시나요?

보라 : 너 일본 사람이니, 중국 사람이니? 어디서 왜 왔니? 놀림 받고 손가락질 받으며 기죽어 살 게 아녀요?

아버지 : 듣기 싫다. 어서 가거라. 가! (혼자 욕지거릴 한다)

지은 : (손을 비비며) 제발 보내지 마세요. 소원이에요.

보라 : 한 번 더 생각해 주세요.(빈다)

아버지 : (꽥 소릴 지른다) 어서 가지 못해? 뭘 안다구. 어서 가!

– 변상호, 「갈 수 없는 나라」 2장 부분

「연화의 노래」의 작품에서는 가치관 형성기에 있는 아동들에게 가난하지만 정직하게 살아야 한다는 참된 생활 태도를 갖도록 교육적 차원에서 만들어진 아동극이다.

선영 : 그래요. 그러나 모두 잘못을 깨닫고 주인에게 물건을 되돌려줬으니 괜찮지요? 용서받지요?

할아버지 : 아암, 나도 금반지 욕심이 났었지, 사람은 누구나 거짓과 욕심이 생기는 거란다.

연화 : 우리는 모두 어려워도 올바로 살기로 해요. 어른이 되어서도요.

선영 : 그래, 모두 약속하자.

소년 : 좋아, 좋아. 언제나 착하고 아름답게, 즐겁게 살아나가자.

(모두 모여 손가락을 걸고 약속한다.)

(이때 막이 내리고 꽃수레 노래 들린다.)

– 변상호, 「연화의 노래」 1장 부분

「자연의 노래」 작품 역시 심각해지는 자연 파괴의 문제를 다루고 있다. 편리하다는 점 때문에 마구 써 버리는 합성세제와 온갖 폐수나 폐유들이 환경을 파괴한다. 그 오염된 물은 순환의 고리를 거쳐 결국 산과 들을 오염시키고 자연을 파괴한다. 무서운 결과로 되돌아온다는 사실에 대한 정보제공은 물론 심각성을 일깨우고자 한다. 배기가스나 환경오염 문제로 자연의 먹이사슬이 파괴되어 결국 인간에게 돌아오는 재앙에 대해서도 정보를 전달해 준다.

아이1 : 지난해부터 소나무들이 떼죽음을 당하고 있어요.

(생략)

아이2 : 폐수와 폐유를 그대로 흘려보내는 사장들과 세차장, 운수업체 사람들 말인가요?

일꾼 : 저 강물 좀 보셔유, 푸른 강이 아니구, 검정 강물이 안 보이남유? 고기들이 떼죽음을 한 것을 모르시남유? 안 보이남유?

순경 : (머리를 긁적이며 난처한 표정으로) 허허 … 저, 그건 ….

아이1 : 순경 아저씨들의 책임이 크셔요.

아이2 : 우리가 사는 지구는 지금 위급해요. 신음하고 있어요.

일꾼 : 아직 늦진 않했다는구만유.

순경 : 국민의 재산과 생명을 보호할 책임과 의무가 있는 나의 책임이 정말 큰데, 등한히 했구려.

아이1 : 우리 인간의 집인 지구가 모든 생물을 보살피고, 베풀건만 ….

아이2 : 먹이사슬 하나 둘 끊어지고, 하나 둘 씨가 말라 간대요.

순경 : 온실 효과가 커져서 극지방의 빙산이 녹으면 바닷물 높이가 올라간다는구나.

(생략)

순경 : 발전소의 연료와 자동차의 배기가스는 산성비의 주범이라더구나.

아이1 : 산성비나 눈은 우리뿐 아니라 모든 동식물을 해친대요.

아이2 : 골치가 아프군요. 그런데 학교나 집에선 공부 잘해서 의사나 판사나 박사만 되라고 하니….

– 변상호, 「자연의 노래」 부분

「오늘과 내일」 아동극에서 역시 환경문제의 심각성을 일깨우며 환경 파괴를 막기 위해 먹이사슬을 보호하려는 우리의 각성이 필요하고 마구잡이로 자연을 훼손하는 것을 막고 자연환경의 개선을 위해 폐비닐이나 건전지 등 재활용의 실천을 통해 날로 심각해지는 지구의 동식물을 지킬 수 있다는 내용이다.

까마귀 : 하여튼 한국인은 몸에만 좋다는 소문만 나면 굼벵이, 곰쓸개, 쇠뜨기풀 가리지 않고 뱀들까지 씨를 말리려고 해.

개구리 : 논에 사는 메뚜기는 농약 때문에 사라진 지 오래지.

소나무 : 우리들도 솔잎파리 병이 번져서 이렇게 죽어가건만 돌보질 않는다우.

청둥오리 : 개발이라는 이름 아래 호텔을 짓구, 석산을 채취하고 마구 파헤치니 큰일이야.

소나무 : 우린 인간에게 산소를 공급해 주건만 어쩌려고들 그러는지…이기주의가 탈이거든.

개구리 : 자연을 정복하고 이용하기 위한 인간의 노력은 끝없이 계속될 거야. 분리수거, 폐품 재활용도 못하면서…

까마귀 : 그것이 가져 올 재앙이 얼마나 무서운지 모르는 인간은 만물의 영장이 못된다고 봐.

(생략)

청둥오리 : 제일 어려운 게 물고기들이지. 떼죽음 당하는 건 보통이라고.

개구리 : 땅속에도 폐비닐, 빈병 독한 건전지 같은 게 그대로 묻히니 썩지도 않는데…

소나무 : 인간들이 불쌍하고도 밉다가 소름이 끼쳐.

까마귀 : 결국 지구촌의 동식물이 모두 죽게 되면 인간은 어찌 될까?

청둥오리 : 인간들도 끝장이지.

우리말 우리글 쓰면 벌서고
일본말 일본글 잘 쓰면 상 타고
이름까지 모두 일본말로 바꿔 부르고
한자로 썼던 그때를 잊었는가?

－ 변상호, 「오늘과 내일」 부분

변상호 작가는 몇 편의 시에서도 나라 잃은 시기에 절실했던 우리말의 소중함을 일깨우는 내용도 있다.

「얼빠진 영어 제2공용어」에서 영어를 공용어로 사용하자는 정부의 시책에 대한 문제제기도 하는 내용이다. 영어 배우기에 혈안이 되어 한때 조기유학 열풍에 대한 비판적인 입장을 밝힌 작품이다. 우리 언어보다 더 중요시 하는 영어사용에 대한 문제제기를 보여준다.

외국인 편의 도모 투자 촉진 위해

제주 지역 영어 제2공용어화
영어 쓰는 사람들 살판나고
모르는 국민 답답한 세상 되겠네
(생략)
필요한 사람 배울 만큼 가르치고
여러 나라 말 고루고루 알만큼 알아야지
우리말 우리글 등한하면
주권 포기 식민지 되는 걸 모르는가

– 변상호, 「얼빠진 영어 제2공용어」 시 부분

세계에서 으뜸가는 교육열
영어만이 상책인가
조기 유학이 유행
이민 간다고 아우성

– 변상호, 「조기 유학 이민 유행」 시 부분

고찰한 바로 아동극의 주제는 다양하여 현실생활에서 그때그때 문제시되는 내용과 소재를 교실 안에서 쉽게 아동극으로 올려 교육적 자료로 활용하고 참여하며 문제의식을 갖도록 하였다. 아동극을 통해 인간과 자연의 소중함을 인식하고 살아가도록 교육하려는 의지가 담긴 작품들이 대부분이다. 이러한 작품들은 주로 교실에서 아주 간단한 준비로 극화할 수 있도록 작품이 쓰였다는 특징을 갖고 있다.

이상에서 살펴 본 바로 동시, 동화, 아동극에서 다문화 시대를 맞아 환경, 과학, 인간수명, 로봇의 발전 등의 미래 지향적인 주제를 담고 있는 작품이 아쉽게도 없었다는 문제점이 있다.

2) 역사인식

(1) 동시

다문화 가족을 비롯해 사회현실, 분단으로 인한 민족의 모순, 갈등을 표현한 작품, 분단을 극복하고자 하는 정서의 표현 작품, 분단해소를 위한 내면적 가치를 부여한 작품을 고찰해 보고자 한다.

전영관은 많은 작품에서 감각적 이미지를 형상화하여 예술성 있는 작품들을 보여 주고 있다. 역사인식이 돋보인 작품도 있다. 국토가 분단된 후 더 이상 달리지 못하고 멈춰버린 철로의 모습을 통해 분단의 아픔을 노래한다. 극복해야 할 우리의 소임임을 간접적으로 드러내며 '죽어 누운 철마의 빈 뼈'가 긴 시간이었음을 감각적 이미지로 부각시키는데 성공하고 있다.

녹슨 철로 위에
죽어 누운 철마의 빈 뼈를 지키기 위해
그렇게 오랜 세월 지친 가슴
빈 들판을 달려 온
바람으로나 달래려고
창문도 떼어내고 옷깃을 풀어헤치고 서 있었구나
(중략)

이제는
누운 철마의 빈 뼈를 치워야 할 시간.
– 전영관, 「월정리역에서」 부분

세월이 오래되어 앙상하게 드러난 빈 뼈와 철길을 겹쳐 이미지를 성공시키고 있다. 이젠 거두어 없애야 하겠다는 의지의 표현이다. 북으로 가는 열차표를 사고 싶다는 간절한 분단 현실을 극복하고자 하는 작가의 역사의식이 반영된 작품이다.

채정순의 「날개 달린 옷」에서도 자유가 없는 북녘의 어린이들에게 자유를 선물하고 싶은 작가의 마음이 드러나 있다. 통일의 당위성을 함께 품어 세상을 향해 함께 걸어가고자 하는 분단 극복에 대한 염원을 담고 있다.

내게 멋진
날개 달린 옷 있다면
얼마나 좋을까
훨~ 훨 날아
지구를 한 바퀴 돌며
재미있는 세상구경 다 하고
북녘 땅
아이들 업고
자유의 땅 대한에
사뿐히 내려놓고 싶어라.
– 채정순, 「날개 달린 옷」 부분

자유 없이 살아가는 북의 아동들에게 날개 있는 옷을 입혀 재미있고도 풍요로운 세상을 마음껏 보며 행복하게 살 수 있도록 해주고 싶은 작가의 안타까운 마음을 드러내고 있다.

아, 달무리에 어리던 이야기들
부소산 산등성이에 철쭉 꽃눈으로 맺혀 있구나
버선발 사뿐히
따라오던 백제의 달이여
소리 없이 차오르는 둥그런 보름달로
역사의 강물을 거슬러 올라
백제의 하늘에 하얀 갈기를 세우고
다시 날아올라라
다시 한 번
황산벌 환히 밝히는 계백의 달이 되어라.

— 이문희, 「백제의 달」 부분

이문희의 동시에서는 기울어간 백제의 달이 다시 한 번 역사의 강을 거슬러 올라와 힘차게 되살아왔으면 하는 바람을 감성적 이미지로 노래한다.

(2) 동화

아동문학도 문학의 한 장르임을 인식하여 올바른 역사의식과 아동관을 바탕으로 한 문학성 있는 작품이 창작되어야 한다. 역사 인식은 주로 김영훈의 동화에서 많이 감지된다.

김영훈의 동화에서 보면 역사의 현장을 창작의 공간으로 끌어들여 지난 역사의 사건을 통해 우리가 무엇을 지켜나가야 하는지에 대한 역사인식을 일깨워 준다. 장편 환상동화 「바람과 구름과 달님」에서도 역사인식으로까지 주제가 확장되고 있다. 「아버지와 아들」, 「할아버지별과 소년」, 「여섯 빼기 넷이면 하나이지요」도 좌우 이념의 문제를 다루고 있는 것이 특징이다.

> 6 · 25사변이라는 남북전쟁을 남들도 다 그랬지만 특히, 아버지의 유년을 몽땅 앗아갔다. 아버지는 계속 연좌제의 틀 속에 소년기를 몸살하며 시달려야 했다.
> “너의 아버지는 사과 빨갱이였어? 수박 빨갱이였어? 그렇지 않으면 토마토 빨갱이였어?”
> 난리통에 피를 튀기며 서로 맞섰던 집안인 남참봉집 손주들이 그리고 아랫마을 또래 아이들이 아버지를 그렇게 몰아붙였다고 한다. 따라서 아버지는 전후에 오랜 동안 전쟁의 그늘에서 가슴에 상처를 안고 살아야 했다. 그만큼 아버지가 유년을 살면서 가졌던 의식의 세계는 늘 좌우 이념이 그림자가 되어 업보로 진하게 따라붙었다.
>
> – 김영훈, 「화해론」 부분

또 다른 작품에서도 이데올로기의 희생물이 되어 가족과 친구 사이에서조차 좌우 이념의 대립의 골로 인해 병들어 갔던 아픔을 이야기한다. 또래 아이들의 놀림을 받으며 수박 빨갱이가 되고, 사과 빨갱이도 되고 토마토 빨갱이가 되어 살아온 초등학교 2학년, 만 일곱 살 때의 아버지의 슬픈 이야기를 통해 시대적 상황 속에 갇혀 삶을 잃어간 사람들의 이야기를 보여준다.

조부는 유년시절 내내 진달래를 함께 꺾으러 다녔던 추억을 공유한 친구를 형의 원수라면서 두들겨 팼다. 함께 황새보 안에서 멱을 감고 다슬기를 잡았던 유년시절 세상이 바뀐 걸 확신하고 두들겨 팼다. 그것이 나의 조부 한봉수의 죄목이었다.(생략) "한 박사, 우리가 증오하며 또 미워하고 산 세월이 얼마여? 이유야 어떻든 자네의 큰종조부도 자네도 역사의 수레바퀴에 깔려 버렸지. 그래서 다 밉고 야속하지. 살아 있는 연좌제에 걸려 좌파의 아들로 온갖 수모를 당했지만 그걸 이제는 다 용서해야겠어. 북녘에 벌써 수년 간을 용서와 화해라는 이름으로 쌀을 보내고 비료를 보내고 있지만 말여, 난 그걸 용납할 수 없었거든. 그들은 내 아버지를 죽인 웬수였으니께. 그들이 전쟁만 일으키지 않았으면 자네 조부가 돌아가셨남? 한 박사 자네는 학자로서 이 역사를 규명해 주어야 혀.

– 김영훈, 「화해론」 부분

「화해론」은 역사의 소용돌이 속에서 이념의 대립이 가져다준 상처에 대한 아버지의 이야기를 통해 역사 속에 한 개인의 삶이 어떻게 무너져 갔고 희생되어 갔는지를 보여주며 그것을 이제는 극복하고 서로를 용서하고 치유해야 할 시대적 책임으로 인식하고 있다.

(3) 아동극

그 시대의 모순된 여러 문제들을 극화하여 교실에서 활용되었던 아동극 가운데 변상호의 작품 「행복한 우리들」, 「노래하는 별들」에서 역사의식이 보인다. 「행복한 우리들」에서는 국산품보다 일본 제품을 선호하고 경제적으로 침식되어 가는 문제에 대한 자각을, 「노래하는 별들」에서는 우리의 의지와 달리 형성된 분단에 대한 아픔을 이야기하며 통일에 대한 강렬한 염원과 우리의 손으로 3·8선이라는 장애물을 걷고 그 자리에 꽃동산을 만들어 헤어졌던 가족과 만나 행복하게 살았으면 하는 작가의 의지가 드러나 있다.

선생님 : 우리 모두 깨어날 때란다. 일본문화와 경제로 벌써 쳐들어왔는데 우린 잠만 자고 있으니 걱정이야.

아이들 : 그래요, 선생님!

아이4 : 일제 강점기에 한이 맺혀서 많이 불렀던 봉숭아 노래 좀 불러 봐요.

선생님 : 그래. 일제 강점기에 용감히 싸우셨던 선열들을 그리며, 함께 불러 보자.(봉숭아 노래 합창.)

– 변상호, 「행복한 우리들」 3장, 부분

아이3 : 선생님 38선은 도대체 누가 만들었어요. 그 원한의 38선 말예요. 날카롭게 내뱉어 버리는 것이었습니다. 눈물이 서린 눈방울을 굴리면서 말입니다.

(생략)

선생님 : 그럼, 분순이의 깊은 생각을 알고 있고 말구. 어서 가서 통일의 꽃동산을 완성하자. 38선도 휴전선도 없는 꽃밭을 멋들어지게 만들자꾸나.

선생님은 분순이의 손을 잡고 꽃동산을 향했습니다.

"우리의 소원은 통일. 꿈에도 소원은 통일. 이 정성 다해서 통일. 통일을 일루자. 이 겨레 살리는 통일. 이 나라 찾는데 통일. 통일이여 어서 오라. 통일이여 오라–"

– 변상호, 「노래하는 별들」 1막, 부분

분단이란 이름 아래
한 민족이 슬프게 헤어지고
한 겨레가 뼈저리게 아픔 겪고
거리로는 가깝지만
마음으로는
먼 곳이 되어버린
지금
통일!
그날이 오면
가깝고도 먼 땅,
북녘땅 밟을 수 있겠지
슬픔과 기쁨
함께 할 수 있겠지.

– 변상호, 「노래하는 별들」 2장, 부분

이상의 동시, 동화, 아동극 모두에서 고찰한 바 동시에서 전영관, 채정순, 이문희 작가에서 역사의식이 보였다. 동화에서는 김영훈 작가에게서 많은 작품에서 나타났으며 아동극 역시 변상호의 극본에서 강렬한 역사인식이 담긴 작품을 찾아 볼 수 있었다. 나라를 잃었던 아픔을 잊지 않고 우리말을 소중히 지켜가려는 의지나 분단으로 인한 민족의 모순과 갈등을 표현한 작품, 분단을 극복하고자 하는 정서의 표현 작품까지 적극적으로 담고 있음을 고찰할 수 있었다.

7. 언어적 특성

대전은 경부선 철도가 개통되면서 국토의 중심부로 부상하였다. 특히 도청이 공주에서 대전으로 이전하며 도시발전이 촉진되었고, 1989년 대덕군 전역을 편입하여 직할시로 승격되기에 이른다. 1995년에는 대전광역시로 행정구역 명칭이 바뀌고 정부청사가 대전으로 이전하면서 하루가 다르게 변모해가고 있다. 더구나 세종에 정부기관이 대거 내려오면서 대전은 개발의 속도가 더욱 빨라지면서 대전 고유의 향토성이 점점 사라지고 있는 것이 현실이다.

동네마다 풍부하던 옛 고유지명이 없어지고 방언이나 지역의 정서를 반영해온 역사성 깃든 아름다운 말들, 구비문학들도 빠르게 사라지고 있는 실정이다. 그나마 다행인 것은 지역자치제의 실시로 그 어느 때보다도 지역의 가치를 새롭게 발견하려는 다양한 시도들이 이루어지고 있다는 점이다. 빠르게 변화하고 사라지는 언어에 관한 문화 · 사회적인 면을 살피기 위해 《푸른 메아리》에 실린 작품을 대상으로 고찰한다.

분석 대상인 《푸른 메아리》는 대전 아동문학가들의 작품 활동 욕구를 가감 없이 수용하여 왔다는 점에서 의미를 지닌 텍스트라 할 수 있다. 따라서 충남아동문학과 분리된 이후 2001년(25집)부터 2017년(41집)에 이르기까지 꾸준히 지역 문인들의 문학적 욕구를 담아내고 있는 《푸른 메아리》를 중심으로 대전의 향토어와

정서를 반영하고 있는 대전아동문학의 언어수용 양상[57]을 고찰하고자 하였다

1) 대전지역의 향토 의미망

(1) 역사와 지리적 의미

지명에는 지형의 모습과 각 지역의 역사성이 담겨 있는 경우가 많다. 특히 대전의 지명에는 이러한 말들이 매우 많아 향토와 아주 밀접하게 연관되어 있다.[58] 지역어에서 가장 자주 쓰는 어휘가 지명이다. 지명은 우리말의 어휘 수도 가장 많고 보수성이 제일 강하기 때문에 그 지역의 역사성과 그 지역의 지리적 의미를 담고 있는 경우가 대부분이다. 대전의 마을 이름에 남아 있는 토속어에서도 예외가 아니어서 살펴보면 그 수도 많고 대부분 그 지명으로 지형이나 지역의 정서를 대변하는 의미를 담고 있는 경우가 대부분이다.

역사성을 많이 함축하고 있는 지명의 예는 헤아릴 수 없이 많다. 가양동의 경우 합내(가양천과 대동천이 합치는 마을을 뜻함), 물빠대(물이 잘 빠지는 터), 매봉, 더퍼리(박팽년 유허비와 남간정

57) '언어적 특성'의 글 중 지명, 방언, 대전의 정서 등은 《푸른 메아리》 37호에 실린 「대전아동문학의 향토적 언어 수용고찰」 세미나 자료로 실린 필자의 글을 수정 보완하여 수록한 것이다.

58) 도수희, 「마을 이름으로 본 대전지역의 고유어」, 『대전문화』 제17호, 2008, p.335.

사 사이에 위치한 마을 이름으로 송우암이 덕을 베푸는 곳, 덕포리라 부른데서 비롯된 이름), 두루봉(산의 이름, 산 모양이 둥글둥글하며 두르다의 고유어), 대동의 고유 지명에는 배꼴(배나무 과수원이 있어서)이 있다. 빈대절골(구도리 서쪽에 위치한 골짜기 이름, 큰절에 빈대가 많아서 붙여진 이름이라 함), 샹바위(생강모양의 바위), 안골(구도리 안쪽의 마을), 절골(절터가 있던 지명) 등이 있고, 낭월동에는 가는 골, 새질래기골(새로 난 길의 골짜기란 뜻), 베락바우(곤룡재에 있는 바위, 벼락), 샘골(샘이 있어 지어진 이름), 지치밭골(지치가 많아 붙여진 이름), 대별리에는 큰자라마을(낭월동과 이사동 사이에 있는 이 마을은 자라를 주제로 전설이 전해져 나중에 한자어 이름인 대별리로 불리었다), 벌뜸(벌은 서라벌, 뜸은 깊다는 뜻, 두메), 범바위(옛날에 호랑이가 와서 앉아 놀았던 바위라 함), 새뜸(새로 생긴 마을), 에바우(아희〉아의〉아이〉애로 축약된 변형, 바위〉바우로 변형된 충청방언), 자라내(자라+내로 자라를 근거로 한자어 지명 대별을 큰 자라로 풀이), 찬샘(샘물이 아주 차가워서 붙여진 지명), 할미바우(할머니 같이 생긴 바위) 등의 지명이 있다. 대성동에는 고산들펀데기(고산+들+펀데기_고산사 입구에 있는 지명), 옻샘(옻오른 사람이 이 샘물로 목욕하면 말끔히 치유된다는 유래에서 붙여짐), 머들령(마달산 아래 추부 요강리로 넘어가는 고개로 마달의 말은 높은, 마루를 뜻하고 달은 옛말로 산을 뜻한다. 즉 마달령〉머들령은 높은 고개를 뜻하는 고유어), 모롱고지(모롱+고지로 모롱은 모퉁이를 뜻하는 고유어, 고지는 곶의 원형으로 장산곶, 호미곶 같은 곶처럼 고유어이다), 알미또랑(앞으로 흐르는 큰 또랑), 쪽바위(머들령 고개 정상에 있는 바위 이름), 찬샘골, 치마바위, 텃논들 등의 고유어가 있다. 또 상소동에는 가마바위, 닭밭골(닭을 많이 기르던 밭이기에 붙여진 이름), 말랑들(말랑은 높은 곳, 꼭대기란 고유어), 말무리재(말머리처럼 생긴 고개), 소호동 주변에는 거미허리(대끝 옆에 있는 산등성이 이름), 숫고개(숯을 굽던 고개), 알미(소호동 동쪽 산이름, 알은 고유어, 미는 산을 뜻함), 청룡뿌랭이(산이름), 대추나무골, 도래말(새재에서 모퉁이를 돌아가야 하는 마을이라서 붙여진 이름), 어둠골(음지를 나타내는데 고유어 어둠을 썼다)이 있다. 하소동 주변에는 가랑이골, 꿩골(하소마을 절골 부근에 꿩이 많아서 붙여진 이름), 시루봉, 한터울, 검배(검은 바위로 인해 지어진 이름. 검은+바위가 축약되어), 독바우, 함박바우(함박+바우, 함지박의 준말), 개불알바위(모래재에 있던 바위 이름. 개불알처럼 생겼다 하여 붙여진 이름), 대실고개(대는 대나무, 실은 곡을 뜻하는 고유어), 둥구나무거리(마을 안에 큰 느티나무가 오래 묵어 한 아름드리 둥근나무란 뜻), 너더리(널다리), 잔개울, 샘골 등이 있다.

또한 중구를 중심으로 마을 이름에 있는 향토어를 찾아보면 그 지역의 생긴 모양을 어느 정도 가늠해 볼 수 있다. 한절골(큰 절이 있던 곳), 못골, 무수동(물살골, 무쇠골, 즉 물이 맑고 쇠가 많이 나는 골), 범골, 바리바우(선화동의 이름인데 마을에 주발처럼 생긴 바위가 있었다 해서 지어진 이름. 주발의 고유어가 바리이다.) 터미(퇴미), 미르머리(용머리) 등 이외에도 많은 지명이 있다.[59)]

이처럼 어느 지역에 가든 지명에는 그 지역의 역사성을 담고 있는 경우가 많다. 음운변화가 적용되어 더러는 몰라보게 달라진 어형도 있지만, 대략 그 지형의 특색이나 일어났던 역사적인 상징성을 담고 있다.

그러나 도심의 시가지 개발로 인해 역사성을 지닌 이러한 지명들이 점점 사라지고 있는 것은 지역의 큰 손실이 아닐 수 없다.

아름답고 의미 있는 역사성 있는 지명들이 보존될 수 있도록 대전의 작가들이 의식을 갖고 창작에 반영하는 노력들이 필요하다. 사라져가는 아름다운 지명에 얽힌 이야기와 역사성 깃든 이야기에 아동문학가들이 관심을 갖고, 작품으로 아름답게 승화시켜 우리의 전통을 소중히 지켜나가려는 노력이 그 어느 때보다도 절실하다.

(2) 투박한 멋

대전은 1970년 경부고속도로와 호남고속도로가 개통되면서 지리적으로 교통의 중심지로 급부상하였다. 여러 지방에서 이주한 이들이 도시 중심부로 몰렸고, 1949년 옛 회덕군을 중심으로 대전시로 승격되면서 흡수한 대덕군의 방언이 오히려 대전지방을 대표하는 토박이말이 되었다.[60)] 특히 대전의 방언들은 음운변화를

59) 도수희, 「마을 이름으로 본 대전지역의 고유어」, 『대전문화』 제17호, 2008, pp.335~358.

많이 겪었다. 이를테면 ㄹ탈락 규칙, 구개음화, 자음접변 규칙, 모음동화 규칙, 역행동화 규칙, 폐구조음 규칙 등의 다양한 변화를 겪은 어휘를 많이 찾을 수 있다.

그 예로 흉년/숭년, 송편/성편/생편, 안경/엥경, 옆구리/역구레, 어디서/워디서, 어째/워째, 어떻게/워트게, 언제/원제, 얼마/월매, 돼/도ㅑ, 괘/고ㅑ, 뛰어/뚜ㅕ 그리고 문형에 상관없이 문장의 끝을 길게 늘여 빼는 억양은 충남방언 전체에 나타나는 투박한 정서가 스미어 있다.

가위/가세, 냉이/나싱개, 모이/모시, 무/무수, 애벌/아시, 그을다/끄실르다, 그어서/거서, 나아서/나서, 지어서/저서, 주워서/줘서, 쪼아서/쫘서, 새우/세벵이, 얼레빗/얼게미빗, 다니다/댕기다, 만들다/맹글다, 빻다/빵구다, 시렁/실겅, 엿기름/엿질금, 겨드랑이/저드랑, 기름/지름, 김장/짐장, 길다/질다, 힘들다/심들다, 가시/까시, 개구리/깨구리, 조그맣다/쪼깐하다, 송아지/송아치, 만지다/만치다, 어떻게/어트게, 서마지기/스마지기, 점심/즘신, 처음/츰, 갈아야/가르야, 심어야지/시므야지, 수제비/수지비, 동네/동니, 베다/비다, 제사/지사, 두루마기/두루매기, 소나기/소내기, 아기/애기, 안기다/앵기다, 벗기다/벳기다, 토끼/퇴끼, 마렵다/매렵다, 쇠스랑/소시랑, 귀엽다/구엽다, 장가/장개, 없으니까/업씨니께, 어머니/어무니, 아버지/아부지, 덮어야/더푸야, 금방/곰방, 여의다/여우다, 명절/멩일, 견디다/전디다, 어디서/워서, 어째/워

60) 도수희, 「대전지방 고유어 연구 현황과 전망」, 『대전문화』 제8호, 1999, p.298.

째, 어떡해/워특캬, 시어머니/셔머니, 시아버지/샤버니, 시원하다/션하다, 길면/지르믄, 외워도/외여도, 사귀어서/사겨서, 알리다/알키다, 오금/오금쟁이, 구석/구석쟁이, 없어졌겠어/업써저까디. 닳지 않아/달털 아냐, 반찬/겅건이, 장독대/장꽝, 시집보내다/여우다, 힘들다/대간하다[61] 등 많은 방언들이 있고 나이가 드신 어르신들은 아직도 쓰고 있는 일상 언어들이다. 대전 지역의 투박하지만 구수한 정감 있는 방언들이 대전의 급속한 개발로 인해 묻히고 잊혀져가고 있다.

대전의 구수한 토박이말은 생활모습이 바뀌면서 많이 사라지고 빠른 교통수단으로 인해 지역 간의 생활양식이 비슷해지면서 언어가 지닌 독자성도 점점 퇴색되어 간다. 앞으로 변화가 가속화할 것이다. 재미있고도 때로 감칠맛 있는 지역의 삶과 정서를 담아내는 향토언어들, 사라져가는 대전의 토속어들을 보존하고, 문학작품에 활용하는 지역문인들의 관심이 필요한 시점에 와 있다.

과학 통신기술의 급격한 발달로 해외의 사람과도 쉽게 소통할 수 있는 시대가 되었다. 번역 프로그램이 발달하여 사이버 공간에서의 의사소통도 별 어려움 없이 이루어지는 세상이다. 올바르게 세계인으로 키우면서도 우리의 뿌리를 넣어주는 시대의 책임으로, 대전 아동문학가들의 역할이 그 어느 때보다 절실하다.

컴퓨터와 인터넷이 생활필수품이 되고, 볼거리와 오락거리가 넘쳐나는 인터넷 세상에서 흡인력 있는 읽을거리가 아니면 외면

61) 박숙희, 「대전지방 방언」, 『대전문화』 제19호, 2010, pp.247~266.

해 버리기 십상인 요즘 현실에서 아동들에게 자기 정체성을 찾아 주는 일이야 말로 아동문학인들의 몫이다.

필자가 조사한 한 설문에서 아동들이 대전과 관련된 이야기나 배경이 되는 동화를 먼저 읽겠다는 의견이 많았다. 아동들은 자기가 사는 지역을 배경으로 쓴 글이 현실감과 현장성을 주어 훨씬 관심을 갖고 동화의 배경이 나와 관련된 곳에서 일어나는 걸 체험해 보는 재미를 줄 수 있기 때문에 아동의 생활지역과 밀접한 배경과 주제를 다루는 방법은 강점이 될 수 있다. 물론 대전의 아동에게만 해당되는 일은 아닐 것이다. 아동들이 공감할 수 있는 소재와 주제를 다루면서도 대전의 향토어와 정서와 대전의 토속어 활용을 통해 언어 지평을 확대해 보려는 노력이 필요하다는 점이다. 대전이야기를 토속어를 가지고 작가들이 새롭게 역량을 보태어 친근한 소재와 배경으로 작품에 활력을 불어넣어 준다면 잊혀져가는 대전의 향토적 자료로도 의미가 있을 것이다.

(3) 담백한 맛

대전지역 정서의 뿌리는 역사적으로 볼 때 선비정신과 충효정신 그리고 중용의 조화 정신으로 집약할 수 있다.[62] 대전지역의 정서는 다분히 사색적 탐구가 아닌 관조를 통해 사물의 본질을 성찰하고 재구성하는 경향을 지닌다. 또한 중부지방 특유의 모남이 없이 부드러운 자연의 모습을 닮은, 과열하지 않은 인생관이 스며

62) 한기범, 「역사를 통해서 본 대전정신」, 『대전문화』 제6호, 1997, pp.106~137.

있어 기교가 없고 담백하다.

이는 대전의 자연환경과 관련이 있어 보이는데 큰 자연재해가 없어 안정되고 온화한 기질을 품을 수 있는 지리적 조건을 갖춘 곳이다. 야트막한 산으로 빙 둘러쳐진 아늑한 분지로 가운데는 넓은 들이 펼쳐 있고, 대전천, 유등천, 갑천의 큰 세 개의 하천이 흘러들어와 농경생활에 적합하여 일찍부터 안정되었다. 예로부터 큰 덕을 품고 있는 사람들이 사는 고장 , 회덕 [63]이라는 지명과 택리지[64]에서 보아 알 수 있다.

이 글에서 대전지역의 지명이나 방언이나, 대전의 정신적 뿌리에 대하여 자세히 살펴보는 것은 향토성과 관련하여 중요한 요소이기 때문이다. 향토성은 지역성을 드러내는 것, 주제, 내용에 있어 지역의 정서를 작품에 반영하는 노력도 할 수 있을 것이다.

예를 들어 대전지방에서는 특히, 선비정신에 투철한 인물들이 많이 배출되었다. 송시열의 스승인 광산 김씨 김장생, 김집에서 출발해 송시열, 단재 신채호로 이어지는 덕망 높은 선비정신이 대전을 중심으로 퍼져나갔고, 송준길의 행적에서 엿볼 수 있듯이 그 정신이 유유히 계승되어 박팽년, 신흠, 김만중, 김호연재 등에 이르렀고, 이들은 두고두고 대전 지역의 정신적 지주가 되었다. 대

63) 「동국여지승람」의 회덕조에 실린 남지의 시에 '관청 뜰이 비었으니 송사가 적음을 알겠고, 인심이 후하니 민풍(民風)을 보겠도다'라고 적혀 있다.

64) 이중환, 「택리지」에서 '산천은 평평하고 수려하며 서울 남쪽에 가까운 위치여서 사대부들이 모여 사는 곳이 되었다. 또 서울과 가까워서 풍속에 심한 차이가 없으므로 터를 고르면 가장 살만하다'라고 하였다.

전은 국난에 처할 때마다 의리를 중시한 충신과 열사가 많이 배출된 지역이기도 하다.

인간의 가치와 도리를 존중하고 그것을 실천하려는 도의정신[65], 옳은 일을 지키어 뜻을 굽히지 않는 기개와 인간으로 마땅히 행해야 할 올바른 이치를 따라 행하는 의리를 몸소 실천하는 절의정신[66], 부모에 대해 효를 다하는[67] 그리하여 부끄럼 없이 사는 것을 귀하게 여기는 사상이 근본에 깔려 있는 곳이기도 하다.

그러면서도 이웃과 세대 간에 서로 상부상조하며 덕을 베풀기를 좋아하는 후덕한 일[68]을 하였다. 또한 대전 사람들은 이웃에 대한 봉사 협동의 정신이 남달라 회덕 황씨의 미륵원 봉사, 은진 송씨의 기민구제, 그리고 회덕 향약의 상부상조의 내용 등 대표적 사례가 너무 많다.[69] 이러한 선비정신과 조화정신은 대전의 전통

---

65) 일상생활에서 사리를 잘 살펴서 중(中)을 얻는 것이라 한다. 인륜에 있어 그 도리를 극진하게 하는 것이다.

66) 절의정신은 조선시대 선비정신의 가장 상징적인 정신이다. 회덕의 인물 박팽년의 수양대군이 조카 단종의 왕위를 찬탈하고 회유할 때 죽음으로 올곧은 저항을 한 예를 들 수 있다.

67) 대전지방에 세워진 정려는 23개인데 그중 효자정려가 11개, 열부정려는 2개, 열녀정려는 3개, 효열문이 1개이다. 그 중에서도 부모를 위해 손가락의 핏물을 먹여 살린 경우나, 왜인의 칼에 부모를 대신해 죽음을 당한 효자 송경창, 부친의 위독함에 손가락을 잘라 흐르는 피로 목숨을 연명하게 한 일이나 어머니 위중할 때 손가락을 베어 먹인 송유관 이야기와 송시승의 이야기를 합해 은진 송씨 3효자라고 한다.

68) 회덕 황씨가의 외손인 송유가 좋은 절기를 만나면 술과 풍악으로 마을 사람들에게 베풀었으며, 그의 맥을 이은 송요년(쌍청당 송유의 맏손자)은 멀리 호남과 영남에서도 쌀을 구하러 와 갚지 않아도 쌀을 내어주고 아픈 병자를 정성으로 돌봐주는 남에게 베푸는 일에 인색하지 않았다 한다. 이는 전국적으로 큰 귀감이 되었을 뿐 아니라 대전인들의 마음에 면면히 이어지는 후덕한 심성의 한 원류가 되었다 한다.

69) 한기범,「대전의 정신적 뿌리」,『대전문화』제6호,1997, pp.105~136.

적 덕목이자 이기주의와 물질만능으로 치닫는 우리 사회의 정신적 위기를 한번쯤 돌이켜보고 인간의 가치와 도리를 존중하고 긍정적이며 봉사협동하며 남과 더불어 행복하게 사는 법을 일러 줄 수 있는 모티브를 얼마든지 찾아낼 수 있는 것이다.

지역의 아동문학가들 역시, 자기가 몸담고 살아가는 그 현장과 무관하지 않다. 직간접으로 작가가 살고 있는 지역의 현장성을 담보하고 있기 마련이어서 타 지역 어느 작가보다 그 지역의 언어와 생활의 면모를 드러내기가 쉽다. 지역의 특수성에 기반을 둔 토속어는 과거에서 현재를 이어주는 소통의 언어이기에 대전지역과 관련한 역사와 문화를 발굴하고 재해석하는 작업에도 대전의 아동문학가들이 의식을 가지고 참여해야 할 것이다.

(4) 사라져가는 구전문학

대전에는 예로부터 구전으로 내려오는 이야기문학이 많은 지역이다. 점점 잊혀져가고 사장되어 가고 있는 현실이다. 이미 언급했던 지명에 담긴 의미, 방언 그밖에도 민요, 속담, 수수께끼, 무가, 행두소리, 전설, 민담 등 아동들에게 알려줄 우리의 많은 전통문화가 풍부하게 있다. 이것들을 아동들에게 재미와 효과적으로 전승할 방법을 아동문학가들이 고민해야 한다. 대전지역을 중심으로 아동문학의 소재와 배경이 될 수 있는 풍부한 구비문학에도 작가들이 관심을 가져야 한다. 점점 개발로 그 의미조차 사라지는 동구의 민속과 설화를 살펴보면 이름난 산 이야기, 명당 이야기,

바위와 연못 이야기, 땅이름 이야기, 거지와 귀신 이야기, 사람들의 운명 이야기, 가난한 사람이 복 받는 이야기, 아이 원님 이야기 등이 있고, 중구지에는 보문산, 돌다리(석교동), 벙어리샘(문화동), 미역바위(사정동), 애바위(옥계동), 꽃적골(문화동), 오성 아버지의 복숭아 먹은 한음, 도깨비를 부린 권 판서, 우암 선생 일화, 여우가 낳은 강감찬, 번개 칼을 부러뜨린 강감찬, 모기를 몰아낸 강감찬 등의 전설들이 있고, 서구지 역시 많은 민속 전설이 존재한다. 위왕산 전설을 비롯해 해태산, 지치울 명당, 이여송의 뜬터, 괴곡동의 선창, 가세바위, 홀어미바위, 치마바위, 효자암 전설, 용바위전설, 신선암전설, 금바위, 도선바위, 학바위, 숭어리샘, 용태울 전설, 용소마을, 신선암, 모정, 병락정, 박사진, 권시, 말무덤, 유회당의 꿈에 얽힌 전설들이 있다. 그 외에도 대덕구지에는 말바위와 함바위에 얽힌 전설, 남매의 재주내기, 용화사, 달음절, 젓밭들, 각시바위, 부싯골, 통뫼바위 등 곳곳에 산재해 있다.

대전 주변 산을 배경으로 한 전설도 많은데 식장산(고래미 장수바위, 골남이의 여섯 봉, 식장산 전설, 대성동 통적골), 계족산(신선봉의 신선바위), 보문산(삼괴동 떡갈봉, 보문산성, 보문산 이름, 범골 사냥꾼, 학이 날아간 학고개, 애바위, 테미방죽, 부사동 부용리), 백운봉(상세동의 아들바우, 아랫자띠의 둥둥바위), 구봉산(신선봉 전설, 신선바위에 얽힌 일화), 옥녀봉(학바위 전설), 소태봉(홀어머니 바위전설, 치마바위 전설), 갑하산(앉은바위), 빈계산(오산과 오수부동, 호산, 별밭), 왕가봉(임금의 피난), 금병산

(수운교 석종, 매방산 전설), 소문산(소문성, 연개소문), 적오산(적오산성, 적오산성의 말바위)이 있다. 그 외에도 갑천(용말강변과 말구렁, 각시바위), 법동천(범천골 강변 무제), 유등천(벌말 돌다리 전설), 정생천(남성바위 오정천, 오물재), 대전천(돌다리 전설), 안산천(반석동 지족동 삼미천 다리놓기) 등의 전설들이 산재해 있다.[70]

이처럼 대전 지역에는 이루 헤아릴 수 없을 만큼 많은 재미있고도 귀감이 되는 이야기들이 곳곳에 남아 있지만, 전해주는 사람이 없어 사라지고 잊혀 가는 것이 현실이다. 이런 이야기를 전해 듣고 접하지도 못하는 아동들이 많은 것 또한 현실이다. 이런 전설 속에는 우리의 전통이 담긴 이야기들이 많아서 아동들에게 재미와 인성교육의 자료로 활용할 만하다. 이런 내용을 혹은 이런 이야기 자원을 활용한 창작도 얼마든지 만들 수 있을 것이다. 대전의 전통을 살리면서도 새로운 시도를 위해 고민해야 할 문제이다.

2) 대전 아동문학의 향토성 드러내기

위에서 살펴본 대전 지역 향토어에 담긴 역사성이 대전아동문학에 어떻게 반영 또는 재현되어 있는지를 고찰하기 위하여 대전아동문학회에서 매년 발행하고 있는 《푸른 메아리》를 중심으로

70) 박광수, 「대전의 구비문학 현황과 보존 방안」, 『대전문화』 제20호, 2011, 12~16쪽 참고

고찰하였다. 향토어는 그 지역의 역사성을 내포하거나 생활양식 등 다양한 문화를 포함하고 있는 경우가 많다. 대상이 되는《푸른 메아리》에 실린 작품들 가운데 한 번이라도 대전지역의 지명이나 배경 혹은 대전 구석구석에 산재한 구비문학에서 따온 이야기 활용을 포함하여 향토어를 반영한 작품을 뽑아 보았다.

(1) 동시

유동삼의「장태산 휴양림」제28집,「큰 그늘다리」장태울 다리를 배경, 제35집,「샛고개굴길」「시롱골」「느리울」제35집, 송근영의「장승」33집,「자랑하고 싶어요」제35집, 이봉직의「솟대이야기」,「백제금동대향로」제29집, 전영관의「계족산 황토길」제35집, 김영수의「한밭수목원」제35집, 류인걸의「도솔산 산책」제35집, 김영범의「내 고향 진벌」진벌 대청댐을 배경, 제35집, 박순길의「한밭수목원」35집, 김숙자의「유천동 스케치」제35집, 이문희의「금강– 대청댐에서」제32집,「식장산을 오르다가」35집, 조혜식의「산성」「미화원」35집, 채정순의「식장산」제35집, 김희주의「한밭」제35집, 이홍종의「국립묘지」제31집,「화폐박물관」제35집, 하인혜의「딱다구리네 집」도솔산 배경, 제31집, 김점옥의「돌탑」도솔산 돌탑을 배경, 제33집, 임종호의「보문산에 피어나는 가을」제35집이 그 예이다.

유동삼의 동시「시롱골」은 도시개발로 인해 아름답고도 정겨운 풍경들이 사라지는 안타까움을 간접적으로 내비치고 있다.

시롱골 마을 없어지고
금동 초등 우뚝섰다

거문고 우는 소리
시롱시롱 하였는데

금동이
눌러앉으니
거문고 소리 안 난다.

― 유동삼, 「시롱골」 전문

'거문고 소리가 시롱시롱 울리던' 시롱골에 대한 아름다운 정경이 아련히 떠오르는 동시이다. 이만큼 대전은 살만한 터전이었으며 정겹던 고향이었다. 그러던 것이 파헤쳐지고 개발을 명목으로 거문고 소리가 흘러나올 법한 아름답고도 정겹던 풍경들이 사라지고 있는 안타까움이 묻어나는 동시다. 무엇보다 '시롱골'이라는 아름다운 언어가 사라질 위기에 놓인 것을 작품으로 남겨 두고두고 읽혀질 것이다. 그는 장태산 휴양림 전망대에 올라 자연을 보며 너그러운 마음과 욕심 없는 마음을 노래하기도 하고, 대전시 중구 안영동에서 금산으로 가는 고개 '샛고개굴길'을 노래하기도 하였다. 굴길은 터널의 순우리말로 '굴길'이라 부르는 긍지를 시로 표현해 대전의 토박이말을 살려내고 있다.

샛고개를 뚫은 굴길
부를수록 힘이 나요

샛고개굴길 읽어보면
정다운 짙은—
— 유동삼, 「샛고개굴길」 부분

생소하면서도 재미있고 아름다운 지명을 부르면 부를수록 힘이 나는 작가는 향토어에 대한 무한한 관심과 애정을 표현하고 있다. 친구들과 여럿이 오고갔을 '샛고개굴길', 부르면 부를수록 고향의 맛이 배인 이름 '샛고개굴길', 작가의 아름다운 언어에 대한 관심이 지명의 시화로 표출되어 있음을 볼 수 있다.

구봉산 급경사가
느리게 내려온 마을
느리울
배달말이니
자랑스런 마을이.
— 유동삼, 「느리울」 부분

구봉산 아래 관저동 지역의 지명 「느리울」이란 예쁜 시도 그 의미와 함께 덧붙여 보여준다. '구봉산에서 느리게 흘러내려온 마을'이란 뜻에서 연유한 느리울 마을에 대한 지형을 대강 짐작하게 하는 순우리말의 아름다운 지명이다. 이외에도 「미르미다리」 「큰그늘다리」 제목만 들어도 정겹다. 개발로 사라져가는 대전의 아름다운 지명에 대한 작가의 깊은 애정을 엿볼 수 있다.

이문희는 대전의 언어에 대한 이야기보다 대전 대청댐에서 흘러내려 부여 백마강으로 이어지는 역사를 이야기하고 싶어 한다. 동시 「금강- 대청댐에서」에서 젖줄인 금강의 첫 출발점인 대청호를 시적 대상으로 삼는다.

금강의 첫 시작 출발점
구불구불 굽이굽이
반환점 없는 마라톤경주를 위해
출렁이는 물결은 마음 두근거려요
너무 빨리 달리면 쉽게 피로하다고
보조댐이 가로막아 속도를 조절해 주지요.

—이문희, 「금강」 부분

대청호에서 시작되는 역사는 반환점 없는 우리의 인생처럼 유유히 흘러 역사가 되고 있다. 너무 서두르지 않고 천천히 가는 지혜를 보조댐이라는 간이 정거장을 만들어 숨고르기를 한다. 여기에서 사는 지혜를 가르쳐 주는 금강을 노래한다. 또 「식장산을 오르다가」에서는 오르며 생각하고 깨닫는다. 삶의 터전이고 고향인 대전 지역의 식장산을 방문하며 자연과 더불어 느낀 이야기들을 쉽고도 담백하게 전한다.

(2) 동화

동화 부문에서는 김영훈의 「대청댐에 묻힌 전설- 효녀와 스님 이야기」 26집, 「바람」 28집, 「내원사로 가는 길」 31집, 도솔산의 내원사를 배경으로 한 작품이 있고, 김영희의 「감꽃할머니와 콩새」 32집, 대청댐 수몰 지역을 배경으로 한 동화, 「마당에 그린 미술숙제」 36집에서 식장산, 성재산의 바라봉, 산소골(송시열과 관련 지명)에서 뾰족산의 옻방골로 이어지는 판암동 일대를 배경으로 한 동화이다.

> 벌써 여러 날째 십여 개의 나이테가 붉게 드러났습니다(생략) '으음, "이게 누구인고?"
>
> "삘롱댁이에요."
>
> "저 우리 마을 진벌이 수몰되기 전, 마을 입구 미루나무에 살던 삘롱댁요. 감꽃 할머니께서 제게 이름을 지어 주셨잖아요. 엉덩이를 쭉 빼고는 삘롱삘롱 걷는다면서요."
>
> (생략)
>
> 날이면 날마다 온 산을 헤매고 다녔지요. 어린 새 주린 배를 채워줄 씨앗 하나 근 보름이 넘도록 구하지 못하고 있을 때였지요. 몹시도 춥고 사나운 태풍이 산 너머 마을을 마구 휩쓸고 지나갔었지.
>
> — 김영희, 「감꽃 할머니와 콩새」 부분

「감꽃할머니와 콩새」에서는 대전의 대청댐 수몰 지역을 배경으로 덕을 베풀어 준 감꽃할머니 덕분에 어린 콩새들을 잘 키워낸 은혜에 감사하는 마음을 잊지 못하고 가뭄 든 어느 날 수몰지역이 드러나면서 감꽃할머니와 콩새네 가족과의 따뜻한 만남이 이뤄진다. 가뭄 든 대청댐을 배경으로 '어려운 이웃에 덕 베풂'의 정서를 기저에 깐 이 동화는 그 고장 '오동', '진벌'과 같은 지명들을 밝혀 쓰고 있는 향토성 드러내기에 충실한 작품이다.

> 식장산에서 건너온 해님은 바라봉 중천에 떠올라 포도밭 옆 들창문을 환하게 비춥니다.(중략) 가끔씩 쉼표처럼 내려앉는 먼 산 뻐꾸기 울음에 귀 기울이다 느릿느릿 기어가는 시계를 올려다봅니다. 지금쯤 산소골 영미네 논배미에서는 모내기가 한창일 것입니다.(생략)
>
> – 김영희, 「마당에 그린 미술 숙제」 부분

「마당에 그린 미술 숙제」에서는 대전의 역사와 함께한 식장산과 식장산을 마주 보고 있는 백제와 신라의 격전지인 성재산봉우리, 바라봉의 햇살을 타고 흐르는 '산소골'이나 '뾰족산'의 '옻방골' 모두가 실제 판암동 일대의 옛 지명으로 배경이나 지명 모두 역사성 있는 곳들이다. 산소골[71)]은 우암 송시열과 깊은 연관이 있어 생긴 지명이기도 하다.

「느티나무의 소원」에서도 덕을 행하는 느티나무가 동네 사람들로부터 추앙을 받아 점점 신성시 되어 마을을 수호해주는 성황당으로 신성시됨에 오히려 불편을 느끼고 함께 더불어 살고 싶은 느티나무의 소박한 정서를 이야기하고자 한다.

김영훈의 동화 「바람」(『푸른 메아리』 28집)과 「내원사로 가는

71) 판암동에 위치한 쌍청각 일대는 산소골로 불리었는데 송시열의 아버지 무덤이 이곳에 있어 산소에 매일 문안 인사하러 다니던 길이라 붙여진 지명이다.

길」은 도솔산 내원사 절을 배경으로 삶에 대한 의미를 새겨보는 동화이다. 「대청댐에 묻힌 전설- 효녀와 스님」은 사라져 가는 대전지역의 구비문학을 기초로 이야기를 만들었다. 잊혀져가는 구전이야기를 소재로 하여 아동들에게 동화로 엮어 보여준다는데 의미가 있다.

대청댐의 수몰지구 용지마을에 사는 소녀의 효심에 얽힌 이야기를 잃어버린 고향, 꿈속에 나타난 신령님, 둥구나무 밑에서 만난 스님, 하늘을 감동시킨 효란 네 개의 부제를 붙인 동화로 잃어버린 수몰 지구에 묻힌 이야기를 재미있는 동화로 만들었다는 의의가 있다. 대전 정서의 상징인 효 사상을 주제로 하고 있다.

> 소녀는 그 소리에 놀라 벌떡 일어났다. 그리고는 소리가 나는 쪽을 향해 뒤돌아섰다.
> "아, 스님께서 오셨군요."
> "오라, 효성이 갸륵한 소녀여, 내가 왔노라."
> "스님, 저희 아버님께서……."
> "안다. 알어. 이걸 아버지께 삶아드려라."
> 스님은 소녀에게 그렇게 말하면서 늘어진 둥그나무 가지를 찢어 주었다.
> — 김영훈, 「대청댐에 묻힌 전설- 효녀와 스님」 부분

(3) 아동극

아동극은 주로 학교 교실에서 무대를 간단히 설치하고 교육 자료로 활용하는 탓인지 거의 모든 작품에서 표준어를 사용하고 있음을 볼 수 있다. 유일하게 「자연의 노래」 부분에서 '안 보이남유, 모르

시남유?, 보셔유, 않했다는구만유,'처럼 대전의 사투리를 사용하여 특유의 능청스런 어법으로 충청도 사투리의 멋을 보여준다.

> 아이2 : 폐수와 폐유를 그대로 흘러 보내는 사장들과 세차장, 운수업체 사람들 말인가요?
>
> 일꾼 : 저 강물 좀 보셔유, 푸른 강이 아니구, 검정 강물이 안 보이남유? 고기들이 떼죽음을 한 것을 모르시남유? 안 보이남유?
>
> 순경 : (머리를 긁적이며 난처한 표정으로) 허허 … 저, 그건…….
>
> 아이1 : 순경 아저씨들의 책임이 크셔요.
>
> 아이2 : 우리가 사는 지구는 지금 위급해요. 신음하고 있어요.
>
> 일꾼 : 아직 늦진 않했다는구만유.
>
> 순경 : 국민의 재산과 생명을 보호할 책임과 의무가 있는 나의 책임이 정말 큰데, 등한히 했구려.
>
> 아이1 : 우리 인간의 집인 지구가 모든 생물을 보살피고, 베풀건만 …….
>
> 아이2 : 먹이사슬 하나 둘 끊어지고, 하나 둘 씨가 말라 간대요.
>
> 순경 : 온실 효과가 커져서 극지방의 빙산이 녹으면 바닷물 높이가 올라간다는구나.
>
> (생략)
>
> 순경 : 발전소의 연료와 자동차의 배기가스는 산성비의 주범이라더구나.
>
> – 변상호, 「자연의 노래」 부분

이상에서 고찰한 결과 대전을 배경으로 한 작품이나 지명을 사용한 동시, 동화, 아동극 작품 모두를 추려 보았으나 동화 부문에서는 김영훈의 동화 2편, 김영희의 동화 3편이 전부였고, 동시 부문에서도 유동삼의 동시 5편, 송근영의 동시 2편, 이봉직의 동시 2편, 이문희의 동시 2편, 조혜식의 동시 2편, 이홍종의 동시 2편,

전영관 · 김영수 · 류인걸 · 김영범 · 박순길 · 김숙자 · 채정순 · 김희주 · 김점옥 · 하인혜 · 임종호 등이 동시 각 1편을 발표한 것이 다였다. 《푸른메아리》 제35집(2011년) 대전 특집으로 계획하여 실은 동시 1편씩을 빼고 나면 대전을 이야기한 작품이 소수에 불과하다. 또한 아동극 부분에서는 변상호의 단 한 작품에서 충청도 말을 구사하고 있음도 확인하였다.

2000년대 이후 빠르게 급변하고 있는 대전은 국토의 중심으로 개발이라는 명목에 휘둘려 어제의 집이 길이 되고 새로운 도로가 뚫려 빠르게 변모하고 있다. 각 동네마다 풍부하던 지역의 정서를 반영한 역사성 깃든 아름다운 지명들이 사라져가고, 지역의 구수한 방언들이 사라지고, 마을마다 전해지던 미담들이 사라져 잊혀지고, 향토성 짙은 가치들을 기록 보존하려는 노력이 그 어느 때보다 더 절실하다. 지방자치제 실시로 지역의 가치를 새롭게 발견하려는 시도들이 다양하게 이뤄지고 있는 요즘, 정작 대전의 아름다운 말로 이뤄진 지명이나 방언, 아름다운 대전의 정서를 담은 구비문학들을 보존하고 전수하려는 대전 아동문학가들의 의식은 아주 미미하였다는 걸 알 수 있었다.

그나마 유동삼 · 이문희 · 김영희 · 김영훈의 작품에서 향토적 언어 수용의 흔적을 찾아볼 수 있었음은 큰 의미가 있다 하겠다. 사라져가고 있는 대전의 아름다운 지명을 동시로 표현하여 아동들에게 아름다운 배달말을 전하고자 한 유동삼의 경우나, 대전의 금강 줄기에 역사성을 가미하여 삶의 의미를 노래한 이문희의 동시, 대전의 역사성 깊은 지역을 동화의 배경으로 끌어와 역사와 지형의 의미가 담긴 지명들을 재현하고, 내용면에서도 대전의 정서를 투영하고자 했던 김영희의 동화나, 구비문학을 재미있는 동화로 승화시켜 아동들에게 읽히고자 한 김영훈의 노력들은 큰 의미를 지닌다 하겠다.

8. 최근에 발표한 대표 작가 · 작품 고찰

본고에서는 지금까지의 논의에서 다소 미흡했던 점을 보충하는 의미에서 가장 최근 발표한 대표 작가 이문희, 송근영, 김영훈, 박순길 4명의 작품집을 읽고 서평을 수록하였다.

1) 이문희 편, 『심심하지 않을 거야』

문학의 여러 장르 중 가장 순수하고 꾸밈없는 인간의 본마음을 드러내는 것은 역시 동시가 아닐까 싶다. 아이들의 눈높이로 사물을 바라보고 예술성과 문학성에 교훈성까지를 조화롭게 버무려야 한다는 것은 그리 쉬운 일은 아닐 것이다. 그럼에도 이문희 시인의 동시에는 이 세 요소를 잘 버무려 질 좋은 동시를 독자들에게 선물한다. 조용하면서도 예리한 감각으로 읽어내는 서정의 언어

위에 아동들의 생활상을 얹어 시로 형상화하는 이미지가 세련되어 있다.

문학인들이 모여 '시낭송의 밤'을 개최하던 70년대, 문학행사를 찾아다니며 문학에 대한 꿈을 키워왔다는 시인은, 돌아가신 전영관 시인을 만나면서 본격적으로 동시쓰기를 시작한다. 1994년 《아동문예》 동시로 문학에 첫발을 디딘 그녀는 1997년 조선일보 신춘문예에 「눈 오는 날」 동시가 당선되면서 아동문학가로서의 새로운 출발을 시작한다. 2004년에는 《시문학》 신인상을, 연이어 대산창작기금을 지원받아 『해님이 보는 그림책』을 출판하고 대전아동문학회 회장을 맡아 일해오던 중 암 선고를 받고 항암치료를 하며 어려운 시기를 겪기도 한다. 다행히 지금은 건강을 회복해 문학에 대한 열정을 늦추지 않고 있다.

이문희 시인의 동시에는 따뜻한 인간미와 소박하며 긍정적인 모습들이 담겨 있다.

> 옮겨 심은 꽃 한 포기
> 시들시들 몸살을 앓는다
>
> 처음엔 다 그래
> 전학 온 친구
>
> 쉬는 시간에도
> 서먹서먹 자리만 지키고 있다
> 처음엔 다 그래.
>
> ㅡ「지금은 준비 중」 부분

자칫 소심하게 위축되기 쉬운 상황에서 시적화자의 담담하고 아무렇지 않은 듯 건네주는 이야기를 듣고 있노라면 위로가 된다. 혼자인 아이들의 마음을 위로해 주고, 용기를 주고 격려를 건네는 따뜻한 배려가 능숙하게 담겨있다.

달팽이는
하루에 한 뼘
치타는
시속 110 km
문제 푸는 시간
권우는 30분
호근이는 20분
나는 1시간

"너는 못하는 게 아니라
조금 늦을 뿐이야."

조용히 다가와
등을 두드려 주시는 선생님.

—「빠르기」 전문

비닐하우스에 불이 났습니다.

닭들이 흩어지지 않고
한곳으로 모였습니다.

두려울수록

피하는 것도
함께 했습니다.
외톨이가 되어 죽은 닭은
한 마리도 없습니다.

—「함께」 전문

요즘 개인의식이 자칫 지나쳐 남을 배려하고 이해하는 마음이 부족한 아이들이나 자신감이 떨어져 있는 친구들에게 힘이 되는 동시다. 혼자만 그런 것이 아니라 누구나 처음이라 그런 것임을 , 누구에게나 자연스러운 일임을 알게 되어 용기를 얻는 정서적 지지로의 긍정 효과가 기대된다. 동시 한 편이 독자에게 주는 최고의 선물은 따뜻한 위로이기 때문이다.

가장
낮은 곳에서도

비를 피할 수 있게

작고
튼튼한
집 한 채 짓고 싶다.

–「우산이끼」 전문

시적화자의 작지만 야무진 긍정의 바람은 그 의미가 적지 않다. 이 시인의 동시 속에는 성찰적 의미가 담긴 시 세계도 보여준다.

달달달달…

너무 조심스러워해서
흔들리지만

정확하게 멈춰 설 줄 안다

내 마음도 그랬으면 좋겠다.

―「저울」 전문

신발에 묻혀 온 흙
마당에 버리고

옷에 묻혀온 풀잎들
쓰레기통에 버리고

마음에 묻혀온 욕심
어디에다 버릴까

맞다!
내 일기장.

―「버릴 곳」 전문

위의 두 편에서 보았듯이 시적화자는 커져만 가는 욕망과 욕심에 대한 선을 그으며 자신을 다독이는 마음도 이야기한다. 자라는 아이들에게 자신을 절제하는 법을 친절히 가르쳐주기도 한다.

동생이 뒤따라온다
눈길에 찍힌
내 발자국 안에
동생이
발자국을 포갠다

정신이 번쩍
똑바로 걸었다.

-「내 동생」 전문

장녀로 자란 작가의 마음 주소를 시적화자를 통해 반영한 것이 아닐까. 화자가 걸어간 길을 똑같이 밟으며 뒤따라오는 동생을 생각하며 옷깃을 여미고 바르게 행동하려는 마음의 자세를 보여준다.

역사에 대한 인식도 놓치지 않는다. 4부 '강물이야기'에서는 여덟 편의 금강에 얽힌 이야기들을 지나간 백제의 역사와 결합하여 수준 높게 보여준다. 역사인식이 감각적 이미지들을 잘 변용하여 표현되고 있는데 이 점은 이문희 시인의 가장 큰 강점으로 보인다.

하얀 옷고름
천 리를 풀었다

공주에 웅진강
부여에 백마강

얼마나 많은
산과 들을 돌아왔나

강경평야, 논산평야
사투리가 정겨운 마을들

지나는 곳 어디나
뿌리까지 적셔주고
금강하굿둑을 빠져나오면

비로소
하나가 되어
출렁이는 바다가 된다.

—「금강 · 6」 전문

'금강'에 이르러 우리가 지나쳐온 삶의 시간이, 역사가 그리 짧은 것이 아니었음을 시적화자는 떠올리며 비로소 언젠가 바다로 이르게 되는 통찰의 시간을 조응하는 시인의 성숙함이 돋보이는 시이다.

2) 송근영 편, 『할머니, 나 집에 안가면 안 돼?』

올해로 92세, 아흔 어린이로 불리는 송근영 아동문학가의 네 번째 동화 『할머니, 나 집에 안가면 안 돼?』가 새해 첫날 오늘의

문학사에서 A4 변형판으로 나왔다. 총 80편의 훈훈한 동시에 고용현 시사만평가의 그림을 올리고, 전영관 문학평론가의 발문을 더한 168쪽의 동시집이다.

저자 송근영은 평생을 어린이와 함께한 작가다. 대전일보 신춘문예(1985)에 동시가 당선되면서 늦은 나이에 문단에 나와 동시집 『까치나무』(1990)를 시작으로 『좋으면 좋다고 하자』(2013), 『사랑아 솟아라 퐁퐁퐁』(2014)을 연이어 발간했는데 이 모두 80세가 넘어 선보인 동시집이다. 잊혀져 가는 소중한 가치들을 진솔하고 정감있게 특유의 발랄한 톤(시적 화자가 어린이)으로 들려주는 동시집이다.

동시 속에는 갈증 난 목을 시원히 축여줄 인간미 넘치는 풍경들이 곳곳에 깃들어 있다. 골목길이 무섭고, 산더미처럼 쌓여만 가는 쓰레기가 무서운 오늘의 상황에 밀리지 않고 느긋이 정겨운 풍경을 끌어안고 살아가는 모습을 보여준다.

> 두 집 건너 사시는 할머니 친구
> 아침나절에 꼭 놀러 오신다
>
> 아니나 다를까
> 오늘도
> 가만히
> 할머니 귀에 대고 속삭인다
>
> 강아지 눈 떴어?

글쎄, 나도 모르지.

—「이웃 할머니」 부분

이웃의 사소한 것에게도 관심을 주고 염려하는 모습이다. 누가 사는지, 조그마한 불편으로도 갈등을 일으켜 끝내는 사건사로로 이어지기도 하는 요즘 세태에 비춰보면 훈훈한 모습이다.

하루 일을 마치고 뚜벅뚜벅 걸어오는 소를 보고 달포 전에 떼어 놓은 송아지 생각을 하고 있지나 않은지 마음이 쓰인 할아버지는 콩 한 바가지 넣고 소의 입맛에 맞는 여물을 끓여 놓고 동구 밖까지 마중을 나가는 인정이 한 폭의 아름다운 수채화를 연상시킨다. 쉼표가 필요한 이들에게 휴식 같은 공간이다.

따뜻한 가족애도 만날 수 있다. 시인의 동시 속에는 가족 간의 소박한 사랑을 주제로 하는 따뜻한 동시들이 많다. 핵가족화 되면서 가족과도 여유롭게 정을 주고받지 못하는 시대가 되어 버린 요즘, 아이들은 아이들대로 바쁘고, 어른은 어른대로 바빠서 서로가 외롭고 혼자인 시대다. 각자의 삶이 바쁘기에 정을 나누기는커녕 만나기도 쉽지 않은 요즘이다. 시 속에 자주 등장하는 풋풋한 풍경들이 위로를 건넨다.

할머니가 뚝딱
밥 한 숟가락을 크게 뜨신다

끓는 장국에

흠뻑 적신 호박잎을 걸치신다

우리 손자야, 이리 와서
입 좀 크게 벌리렴
방금 따다가 밥솥에 넣어
약간 데친 연한 호박잎이다

할머니, 진짜 맛있어요
할머니도 웃으시면서
아무 것이나 잘 먹는
아빠를 닮았구나.

—「호박잎」 부분

호박잎 얹은 밥 한 술을 건네는 사랑이 무궁하다. 고액의 세뱃돈을 준비해야 하고 값비싼 장난감으로 환심을 사야하는 관계가 아니라 호박잎 하나 장국에 적셔 나누는 소박한 사랑이다.

할아버지와
눈싸움을 한다
얼마 안가서
할아버지가 지고 만다
할아버지가
나를 얼싸안았기 때문이다.

—「할아버지와 함께」 부분

손주, 손녀와 눈싸움 놀이를 하던 할아버지는 얼마나 귀여운지 그만 참지 못하고 얼싸안아 놀이에 매번 지고 마는 풍경이다. 밥상머리에서 자연스럽게 보고 배우며 가르침을 받고 호박잎 같은 구수한 할머니 냄새를 맡으며 사랑으로 성장하던 이야기가 먼 옛날이야기처럼 되어버린 시대이다. 시인의 집에 머물면서 잔잔한 가족 사랑의 의미를 바로 세워 보라는 무언의 요청이 깃들어 있는 것은 아닐까. 많은 시편들이 할아버지와의 따뜻한 이야기들로 꾸며진 정황으로 보아 빠르게 무너져가는 오늘의 가족 현실을 안타깝게 바라보고 모범을 제시하고자 하는 의도가 보인다.

시인의 동시는 건강하고 밝다. 어떠한 경우라도 시인은 긍정의 끈을 놓지 않는다. 이러한 시적 태도는 그의 사소한 일상에서도 드러난다. 실제로 송 시인은 목소리가 매우 낭랑하고 힘이 있고, 총기도 좋아 구순의 나이임에도 독립선언서 전문을 낭랑하게 암송하여 감탄을 자아내게 하는 것은 물론이고 장난기어린 어린이 모습을 엿볼 수 있다.정신도 맑아 매일 일기와 신문 스크랩하기와 독서를 게을리하지 않는다는 그는 건강한 정신을 가지고 있다. "나 자신을 잘 다듬어 정말 좋은 동시를 써 보고 싶다"며 자신의 꿈을 밝히는 꿈 많은 소년이다. 이런 건강함이 긍정의 에너지로 작품 속에 밝게 투영되어 나온 것은 아닐까?

넌, 왜
자꾸만 새가 운다고 하니?
그게 아니고

우거진 숲이 아늑해
홍겨워 부르는 노래라니까

너, 왜
자꾸만 매미가 운다고 하니?
모르는 소리
서로 사랑하기 위해
짝을 부르는 감미로운 노래라니까.

–「모르는 소리」 부분

숲에서 새와 매미가 우는 것이 우거진 숲이 답답해 우는 것도 아니고 외로워서 우는 것도 아니다. 우거진 숲이 아늑해서 노래를 하는 것이고, 짝을 부르는 노래라는 것이다.

'운동회 날 아침 / 비가 올 듯 말 듯 / 속이 탔지만 교장 선생님 말씀대로 운동회가 끝날 때까지 좋은 날씨 속에서 마칠 수 있었다는' 그러면 그렇지! 그러면 그렇지! 몇 번을 읽고 난 후에도 '그러면 그렇지, 그러면 그렇지' 강한 긍정의 입엣 말을 자꾸 따라하게 되는 건 왜일까.

한 권의 좋은 책을 만난다는 건 행운이다. 살아가며 좋은 멘토를 만난다는 것은 더 큰 행운이다. 진정한 가족의 모습이 어떠해야 하는지를 잘 보여주고 있는 단막극 영화 한 편을 감상한 느낌이다.

3) 김영훈 편, 『장군님의 말씀』

김영훈 작가의 장편소설 『장군님의 말씀』이 오름출판사에서 출간된 지 한 달 만에 2쇄 발행에 들어갔다. 그동안 동화작가로 널리 알려진 그가 최근 연이어 내놓은 소설 작품에서 큰 관심을 모으고 있다. 단편소설 「화해론」(호서문학상) 이후 이번에 출간한 장편소설 『장군님의 말씀』(전영택문학상)은 소설가로서의 또 다른 출발을 예고하고 있어 예사롭지 않아 보인다.

일반적으로 한 작가의 작품을 이해하기 위해서는 작가의 생애사적 모습을 들여다보는 일이 중요하다. 특히 소설 작품에서는 작가가 무엇을 경험하고 어떤 시대를 살아냈는지 살펴보는 일은 더더욱 중요하다. 운율이나 은유(metaphor)에서 미학적 가치를 찾는 시와는 달리, 소설에서는 작가의 '경험의 질'이 곧 '미학적 가치이자 심리적 가치를 부여받을 수 있다'는 점에서 그렇다.

예컨대 신인이었던 최서해의 소설이 당시 최고의 김동인에 의해 주목되면서 한순간 유명소설가로 부각될 수 있었던 것도 그 누구도 흉내낼 수 없는 극빈한 가난을 경험하고 작품으로 승화시킨 점에서 기인하였다. 그뿐인가, 세계문학사에서 오늘날까지 회자되는 뛰어난 소설들—『전쟁과 평화』, 『까라마조프의 형제들』 외— 역시 리얼한 시대 상황을 작가가 경험하지 못했더라면 가능했을까. 김영훈 소설에 관심을 갖는 이유도 다름 아니다.

김영훈 작가(1947~)의 작품들을 읽으며 생애사적인 배경을 살피다 보면, 작가 자신이 겪어온 시대적 상황이나 경험들을 작품 속에 긴밀히 반영시키고 있다는 사실을 알게 된다. 그런 이유로 작품을 접하기에 앞서 생애사적 삶을 들여다보는 것은 작품을 잘 이해하기 위해 필요하다. 한국의 근현대사의 굵직한 사건들과 맥을 같이하여 살아낸 작가라는 점을 확인하게 될 것이다.

작가는 해방공간의 어수선한 시기에 태어나 다섯 살 때 6·25를 겪고 전쟁으로 인해 가족이 해체되는 아픔을 겪는다. 전쟁 중 비행기 폭격으로 불타 없어진 학교와 인민군과 유엔군의 빼앗기고 빼앗는 좌우이념의 소용돌이 속에서 상처로 얼룩진 모습들을 경험한다. 가치관 형성에 중요한 시기인 중학교 시절에는 3·15부정선거에 노출되기도 하고, 연이어 뜻밖의 장소에서 4·19를 직접 목격하기도 하며 5·16을 경험한다. 힘 앞에서 정의가 무너지는 충격적인 광경들을 지켜보았다.

여덟 살 이후 조모와 중백부모의 따뜻한 보살핌 속에서 자라지만 이러한 특수상황 속에서 경험한 상처들은 작가적 삶에 영향을 미쳤을 것이다. 당시 상당한 지식인이었던 중백모와 자주 나누던 역사이야기와 한국 단편소설들 이야기는 주변 상황을 객관적으로 바라볼 수 있게 해 주었을 것이다.

그가 역사인식을 뚜렷이 작품 속에 남기고 있는 작가로 거듭날 수 있었던 것도 생애사적 경험들에서 온 결과임을 대략 짐작할 수 있는 부분[72]이다. 장편소설 『장군님의 말씀』도 이 같은 맥락에서

72) 김영훈, 『솔뫼의 삶과 문학 이야기』, 오름기획, 2013, pp.87~127.

주의 깊게 살펴볼 필요가 있어 보인다.

액자소설로 판타지 기법을 활용한 1인칭 전지적 작가시점에서 전개된다. 브라질 대사관에서 근무를 마치고 본부 발령을 받아 귀국에 앞서 아버지의 부탁으로 아버지의 고향마을 청양 칠갑산을 검색하던 중 박동수(중3)는 컴퓨터 화면 속에서 뜻밖에 마주한 할아버지 박주만을 만난다. 할아버지의 제안으로 할아버지 몸속으로 들어가 열다섯 살의 박주만(할아버지)과 김지선(할머니)의 만남이야기로 시작되는 석촌 마을의 어린 시절과 부여 왕림의 외갓집을 다니러 가서 알게 되는 역사의 현장 속으로 시간여행을 하며 벌어지는 이야기들을 판타지 구성으로 전개한다. 패망하는 백제의 마지막 모습도 지켜보며 다시 잃어버린 왕국을 되찾기 위한 백제 부흥군의 기지를 찾아 모험을 한다. 나라를 지킬 수 있는 것은 결국 힘이며, 정의에 앞선 힘의 필요성에 대해 패망한 나라의 장군(계백)의 말을 인용해 역사인식으로 확장을 의도한다.

소설의 원동력은 결국 이야기인 것이다. 할아버지 박주만과 할머니 김지선의 열여섯 살 첫사랑 이야기를 복선으로 깔아 감성적 배경으로 지루함을 메우며 여러 개의 환상 기법으로 극적상황을 전개시키며 재미와 속도로 긴장을 유발하여 독자로 하여금 팽팽하게 흐름을 따라가게 하는 구성이 돋보인다. '독자를 사로잡는 이야기에는 뛰어난 플롯이 감추어져 있다'는 말이 있다. 특히, 강렬한 도입부에서 판타지 기법으로 독자를 흡인력 있게 빨아들이는 점도 흥미롭다.

작가의 실재 경험적 이야기를 작중인물 박지만(할아버지)의 어린 시절로 치환해 시공간을 뛰어넘는 극적 기법을 통해 현재와 과거를 오가며 생각을 이끄는 방식은 흥미와 긴장을 유발시킨다. 플롯이 설계를 잘한 하나의 도면을 읽는 느낌을 준다. 가치관 형성기의 어린이, 청소년들에게 읽힐 만한 소설이다.

김영훈 작가는 중학교 3학년에 접한 한국 단편소설들을 읽으며 처음 문학에로의 길을 꿈꾸었다. 교사시절 월간 《아동문예》에 아동소설 「꿈을 파는 가게」(1983)를 발표하며 본격 문단에 나와 문학가로서 활발한 작품 활동을 한 지 올해로 33년[73], 그동안의 문학적 성과를 인정받아 해강문학상, 한국아동문학상, 김영일문학상, 호서문학상, 천등문학상, 대전문화상, 문학시대문학대상, 대한아동문학상을 비롯 최근에 전영택문학상을 수상하기에 이른다.

작품을 쓴다는 것은 결국 문학사 속에서 살아남는 일이다. 최근 문학 흐름의 좌표도 빠르게 변화하고 있다. 신선한 형식으로 보여줘야만 하는 시대에 작가들이 살고 있다. 이번 작품을 통해 김영훈 작가의 작품에서 새로 시도되고 있는 작가적 노력을 엿볼 수 있다.

73) 김영훈, 『솔뫼의 삶과 문학이야기』, 오름기획, 2013, pp.89 ~118.

4) 박순길 편, 『세월의 숨결』

박순길은 동시집 『아기는 교장선생님』(2012)을 낸 시인이다.

똑바로 걷습니다.
뒷사람이 쳐다볼까봐

어렸을 때는
아이의 길이 되고
컸을 때는
어른의 길이 됩니다

오늘의 처음은
새로운 발걸음으로
신나게 걸어봅니다

발걸음은
흔적이 되기 때문입니다.

–「발걸음」 전문

위의 동시에서 알 수 있듯이 동시인이자 시인이다. 여기서 가장 최근 발표한 시집에 대해 논하려는 것은 다름 아닌 그의 시적으로 확장된 내면의 성숙을 살피고 싶어서이다.

올해 일곱 번째 출간한 시집 『세월의 숨결』은 139편의 다소 많은 양의 시를 총 6부로 나눠 실었다. 7년 만에 선보인 이번 시집에는 6부에 실린 장자독해란 제목에서 엿볼 수 있듯이 그간의 시세계로부터 진일보한 시인의 사유를 가늠케 한다.

시집 『세월의 숨결』에서는 유년기에서 청소년기를 지나 사회초년병 시절을 거쳐 성숙한 사회인으로 성장하기까지 마주한 고통을 성찰적 태도로 탐구하며 깨닫게 되는 과정을 소박하게 그려내고 있다. 결코, 가볍지 않은 지향을 보여주고 있어 육화된 서사시를 보는 듯하다. 이제 막 투명한 날개를 펼쳐 가볍게 날아오르려는 시인의 몸짓이 보인다.

시인이 마주한 고통의 '시간'에서 출발해 무르익은 시간에 대한 통찰은 무상함과 존재론적 성찰로 나아가려는 초극으로의 의지를 보여준다는 점에서 주목할 만하다. 대자연의 무한함에 대한 유한성을 가진 자신을 깨닫는 순간 느끼는 허무를 장자의 어록을 통해 극복하고자 하는 또 다른 세계의 눈뜸이 이제 막 시작되고 있음이다.

시작도 끝도 없고 영원한 변형에 따라 흘러가는 것일 뿐 그 어떤 마음의 편견 없이 환경이나 인습과 욕망의 집착에서 벗어나 초월하고 버리고 비워서 구속으로부터 자유로워지려는 불교의 해탈이나 공자가 도달하고 싶어했던 요, 순의 경지, 혹은 니체의 초인과 다를 바가 없다.

시인은 평생을 교육자로 반듯하게 살아오신 시인이다. 교육자의 길로 들어서기 전 많은 어려움을 겪으며 성장하였다고 한다. 어린 시절부터 경험해 오던 가난으로부터의 고통과 3개월 유복자로 태어나 그로인한 사회적 편견으로부터 벗어나려 노력하며 상처가 된 고통의 무게를 끊임없이 성찰적 자세로 닦아온 그가 비로소 자신을 풀어 자연스런 호흡을 시작한다.

그의 시편들은 작은 사물 하나에도 생각을 집중해 깨달음의 도정으로 확장시켜 나가는 의지가 강하다. 시간에 대한 자각을 깊게 하면서 허무적 환상미학으로 나타나기도 하는데, 시의 형식적 측면에서는 내재적 운율이 간결한 리듬의 호흡을 유지하면서 압축과 이미지를 통해 작가의 세계관을 자아와 현실사이의 거리를 좁혀 합일된 성찰적 자세로 이끈다. 시적 공간의 이동도 매우 자연스럽고 섬세하다.

상실감에서 상처로 얼룩진 현실의 굴레에서 초극하려는 존재완성의 의지를 보이며 더 넓은 시야를 확보해 가려는 시인의 의지는 마침내, 어린 시절의 상황에 밀린 설움에서 튀어나오는 단순한 우울에서 벗어나 어머니를 떠나보내야 했던, 유한한 시간의 의미를 깊게 통찰하면서 깨닫게 되는 허무함에 대한 우울을 해소하려는 심리적 기재가 구도적 자세로의 전환을 강화시켰을 것이다.

> 나뭇잎을 눈여겨볼 일이다
> 짐을 쌓지 않으려고 끊임없이 흔들린다
> 작은 먼지라도
> 이슬로 씻어내고
> 비로 닦아내고
> 바람으로 날려 보낸다

잎마다 때가 끼지 않게
작은 바람에도 흔들리는 나뭇잎에
의미를 담아본다
큰 나무는 큰 나무대로
작은 나무는 작은 나무대로
작은 떨림을 계속하는 이유에 대하여

–「나뭇잎 단상」 전문

그는 크고 작고를 떠나 서로 아끼고 어울리어 더불어 살아가는 평범한 일상 속의 깨달음으로 생각을 모은다. 그런 시인에게 어느 날 문득, '감 익는 마을에서 햇빛이 유연해짐을 느낄' 가을이 저만치 연륜으로 익어간 자신을 획득하게 되는 것이다. '누군가의 쓸모를 위해 젊음을 보내다 이제야 자신의 쓸모'를 생각하게 되었다는 시인의 고백대로 '누군가의 손길이 필요한 곳에 손길이 되고, 갈증 난 곳에 한 바가지 마중물'(「화분」)의 역할을 하고자 하는 시인의 이러한 태도는 스스로 단절로부터 벗어나는데 도움이 되었을 것이다.

어머니는 낭떠러지에 떨어져
할미꽃 등으로
평생을 살았다

낭떠러지 길이 버팀목이 된
어머니의 길
나 또한

그 길을 건너야 한다고
메아리의 파장이 한참을 머물다 간 그 길을
아득히 내려다보고 있다

―「벼랑길」 부분

결국, '낭떠러지 길이 버팀목이 된 어머니의 길을 작가 역시 건너야겠다고 다짐하며 그 길을 아득히 내려다보고' 있는 시인의 마음에서 난 길임을 상상해 본다. 어머니의 마중물 같은 삶의 영향이 아니었을까 .

세상의 모든 것을 볼 수 있는 눈을 가졌어도
가리는 것이 있으면 볼 수 없다
마음도
한쪽 창으로 보는 것처럼 한쪽으로 생각하고 있는지 모른다
나의 생각이 상대와 일치하기는 쉽지 않다
각자가 내고 있는 창이 다르기 때문이다
상대를 이해하려면 상대가 낸 창으로 봐야하고
상대가 나를 이해하려면 내가 보고 있는 창을 봐야한다.
(생략)
같은 창이라도 키에 따라서 보이는 것도 다르다
아이들도 보는 시야도 분명 있을 텐데
어른들은 내 눈에 보이는 것만 사실이고 진리인 것처럼 말한다
보는 시야에 따라
마음의 창이 어디로 나 있는지
생각해 볼 일이다.

―「생각」 부분

또한 시인이 단절로부터의 화해를 이룩하게 되는 또 다른 길은, 시인 안에 자리한 인식의 방향에서 기인한 것임을 자각하는 눈뜸이다. 마음의 창으로 보는 각도에 따라 넓이와 위치에 따라 다르게 볼 수 있음이 '내 마음의 창이 어디로 나 있는지' 생각의 방향성에서 비롯된 것임을 생각하게 되고 화자는 비로소 세계와의 화해의 공간으로 진일보 나아간다.

결국, 사물을 보는 시각이 열리면서 자연스럽게 깨달음의 공간으로 치환이 이뤄진다. 살아오며 자연스럽게 얻게 되는 온갖 상처들로 단절되었던 시인 스스로의 마음과 진정한 화해를 이루며, 어떤 집착으로부터도 벗어나 모든 걸 순하게 받아들이는 단계로 나아가게 되는 것이다.

> 순해지는 나의 발자국
> 어제의 풍경에도 찍히지 않은
> 마음의 소묘 하나.
>
> —「나를 부른다」 부분

이로써 또 하나의 경지를 획득하게 되는 것이다. 이것이 장자의 뜻과 무엇이 다르랴. 인생의 유한함을 깨달아 순리로 살아가고자 하는 시인의 깨달음 후에 오는 텅 빈 세계의 획득은 진정한 해방공간이자 시인이 지향한 초월의 공간일 것이다.

또한 시집의 머리에서 밝히고 있는 시인의 말에서 작가정신의 한 면모를 볼 수 있다. '울음의 의미를 얼마나 더 파헤쳐야 시다운 시 한 편이 나올까' '관념의 배제에 관심을 기울였고 '이해가 안 된다는 우려스러운 생각을 살폈다'는 감정의 단순한 표현이 아니라 가치로운 것들을 감지해 내려는 시적인식과 시적거리를 잘 유지하려는 인식을 보여준다.

이상에서 살펴본 바로 최근 발표한 대전아동문학가 네 명의 작품집들은 대전아동문학의 현 지표를 보여주고 있다고 할 수 있다. 또한 만만치 않은 작품 세계와 역량을 보여주고 있다. 아동들의 세계를 다룸에도 교훈적이고 도덕적인 내용전달에 그치지 않고 자연스럽게 예술성을 지니고 확대된 작가의 세계관을 유감없이 담고 있음을 볼 수 있다.

가령, 김영훈의 동화나 이문희의 동시에서는 역사인식이 돋보이고 금강의 물줄기를 노래하며 삶의 이야기로까지 확대하는 기치를 보여주고 있다. 박순길은 바르게 걷는 발걸음의 이야기로 시작하여 결코 만만치 않은 삶의 해석을 던져주고 있다. 송근영의 작품에선 할아버지가 손자, 손녀들에게 건네듯 정성스런 마음이 보이고 이웃들과 따뜻이 나누는 인정이 자연스레 스며 있어 각박한 현실을 사는 아동들에게 편안한 사랑을 느끼게 한다.

이들의 최근 출판한 몇 권의 작품들을 통해 대전아동문학의 현주소를 간접적으로나마 짐작할 수 있게 한다.

작가는 그 지역의 현장성을 담보하고 있기 마련이다. 대전의 정서를 그려내려는 의식이 그 어느 때보다도 필요하다. 그런 의미에서 위에서 살펴본 네 명의 아동문학가들은 향토성 드러내기의 공통적인 의의를 지니는 동시에, 각기 다른 형태와 표현방식으로 다양성을 갖고 있어 대전아동문학의 미래가 어둡지 않아 보인다. 하지만, 십여 년 동안 발표한 작품 속에 불과 몇 안 되는 작가들에게서만 이러한 노력들을 발견할 수 있었던 것은 재고할 여지가 있어 보인다.

9. 마무리

본 연구에서 대전아동문학이 갖고 있는 특성과 그 의의를 도출해 보기 위해 대전아동문학의 형성과정, 형태적 특성, 내용적 특성, 언어적 특성, 가장 최근에 발표된 대표 작가의 작품집을 분석대상으로 유형화된 연구를 통해서 대전아동문학의 특성을 고찰하였다.

이상에서 고찰한 바로 다음과 같은 결론을 얻을 수 있었다.

첫째, 대전아동문학은 3기에 걸쳐 큰 변화를 겪으며 형성되어 왔음을 알 수 있었다. 제1기는 일제 침략기의 애국애족의 정신에 뿌리를 둔 문화운동의 하나였음을 확인할 수 있었다. 전란을 겪으며 거듭 상처 받은 아동을 위해 미래의 기둥임을 인식하고 한글말이 부족하던 시기 교사들이 주축이 되어 가르칠 교재 개발과 상처를 보듬고 용기를 주기 위한 이야기를 만들어 제공하는 과정에서 아동문화운동이 퍼져나간 사실도 확인했다. 이러한 운동은 각 지역 교사들은 물론 지역의 젊은 인재들을 중심으로 확산이 이루어졌음을 확인할 수 있었고 이 시기를 아동문화운동의 제1기로 보았다.

제2기는 이러한 분위기가 무르익어 70년 초에 와서 충남지역의 글쓰기 교사들이 주축이 되어 〈충남아동문학회〉의 아동문학 단체를 조직하고 각종 세미나와 학부모 교육 및 교사 연수를 통하여 아동문학운동의 수준에서 한걸음 더 나아가 교사들이 주축이 되어 작품 활동을 활발히 이어가던 시기이다.

제3기는 대전·충남의 행정구역 분리로 인해 충남아동문학과 대전아동문학이 분리되어 독립된 시기로부터 30여 년의 시간 동안 발전과 성숙의 과정을 거쳐 온 최근의 시기까지를 제3기로 나누어 고찰하였다.

이상의 다각적인 고찰을 통해 〈대전아동문학회〉의 형성과정을 고찰한 바 여타 문학단체와 다르게 한국문학사 속에 중요한 역할을 담당한 시사적 의미를 지닌 문학 단체임을 확인할 수 있었다. 특이점은 아동문학운동기를 거쳐 충남아동문학기 초기까지는 대부분 동화를 쓰는 작가들이 많았으나 점점 그 수가 역전되어 동시 작가로 대부분 바뀌었고, 2017년 〈대전아동문학회〉 작가 중 동화 작가는 단 다섯 명뿐이라는 점이다.

둘째, 대전아동문학회 회원 작품 고찰을 통해 다음 같은 결과를 얻었다. 동시에 나타난 운율과 이미지는 한국문학의 보편성을 잘 드러내는 가운데 시적 형태의 변형을 시도해 새로움을 주려는 의미 있는 시도가 있었음을 확인하였다. 주제에선 대부분의 작품들이 자연물의 이미지를 감각화하여 문학성 있는 작품을 구사한 작품이 많았으나, 정작 지역의 사라져가는 이야기와 지역의 아름다운 언어의 맛을 살려 작품 속에 전하려는 작품이 의외로 적었다.

동화의 표현에서는 이야기성이 부족한 상황묘사로 일관한 작품들이 있었으나, 최근 들어 판타지기법과 리얼리티를 잘 버무려 주제를 재밌게 이끌어 가는 문학성 있는 작품들이 많아졌다는 점에서 고무적이다. 몇몇 작가에서는 다양한 기법으로 매 창작물마다 다른 기법을 시도하는 실험적 작품을 선보이는 노력을 볼 수 있었다. 인물 성격의 묘사에서는 많이 배운 것 없지만 인정 있고 순박하고 우직한 인물묘사가 두드러지게 많았다.

셋째, 내용적 고찰에서는 전통의 효와 생명, 사랑, 삶 속의 다양한 소재들을 발굴해 휴머니즘의 내용을 담은 작품들이 대부분이었다. 역사인식까지 확대시켜 분단 극복의 문제를 고민하는 역사인식이 드러난 작품들이 있었으나 생태환경, 다문화, 미래의 로봇 등 다양한 현대과학의 문제를 다루는 작품이 부족하였다. 미래사회를 준비할 수 있는 다양한 주제들을 작품 속에 반영해 꿈을 주고 미래를 준비할 수 있는 꿈을 그린 작품이 없어 문제점으로 파악되었다. 대전아동문학의 작가들의 현실인식이 형성기인 제1기와 제2기보다 많이 약화되었음을 보여준다.

넷째, 언어적 고찰에서 대전의 역사성 깊은 향토어나 정서를 담기 위한 노력이 부족했다. 국토의 중심부에 위치한 대전은 그 어느 도시보다 빠르게 변화하고 있는 상황에 놓여 있음에도 불구하고 하루가 다르게 변화하며 사라지고 있는 지역의 특수성을 감안한다면 시급한 문제일 수 있지만 이를 지켜내려는 작가들의 인식과 노력이 많이 부족하다는 것을 알 수 있었다. 사라져 가는 아름다운 지명이나 이야기들을 작품으로 승화시킨 몇몇 작가들이 있긴 하지만 지난 대전아동문학이 걸어온 긴 시간임을 생각할 때 많이 부족하였다는 사실을 확인할 수 있었다.

다섯째, 가장 최근에 발표한 대표 작가들의 작품에 대한 서평은 대전작가들의 역량을 다각적으로 들여다보기 위한 시도이다. 이상의 대전아동문학 작가들의 역량이나 작품의 질적인 면에서 한국의 문학사적 위치에 가늠해 보아도 뒤지지 않는다는 것을 확인시켜 준다.

문학은 구체적인 것에서 가장 보편적인 것을 추구하는 것이기 때문에 지역에서 나고 자란 작가에게 구체성이란 결국 자신의 삶의 현장에 기반한 것이다. 따라서 작가의 차원에서 지역어를 사용하고 사투리를 입말로 구사하는 것은 단순히 친숙한 소재이거나 가까이 있는 것이라는 의미를 넘어 중요한 창작원리, 작가의 세계관과 연결되는 부분이다.

작가는 삶의 터전이 된 지역이 고스란히 작품으로 형상화될 때 생생한 작품이 탄생할 가능성이 높다. 작가의 창작 동기는 작가의 가치관, 세계관이 구체적 현실에서 출발해야 하고, 지역의 삶에 토대를 두어야 하는 이유이다. 가장 지역적인 것이 세계적일 수 있는 것도 이런 이유 때문이다. 이런 측면에서 〈대전아동문학회〉 작가들의 작품에서 아쉬움이 남았다.

독자의 차원에서도 아동문학은 결국 독자로 하여금 정체성을 형성하도록 돕고 성숙을 지향하는 문학이기에 다양한 지역의 현장을 담은 아동문학 작품을 접함으로써 개별적인 삶의 현장을 이해하고, 다양성을 경험함으로써 자신의 현실을 바라보는 눈을 키울 수 있을 것이다. 이는 결국 성숙으로 나아가는 토대가 될 수 있다고 믿는다. 이런 이유에서 다양한 지역에 기반을 둔 삶이 있다는 것, 내가 사는 지역의 생생한 삶의 현장을 간접 경험함으로써 자신의 이해 영역을 넓히고 궁극적으로 정체성 형성에 기여할 수 있다고 본다.

지역문학사 서술과 관련된 지역 문학적 범주에서도 지역문학이 활성화되어야 문학의 다양성을 인정받을 수 있을 것이다. 지금까지 이어온 대전문학의 역사를 이어 꾸준히 대전문학사가 서술되기 위해서라도 지역에 살고 있는 작가들의 분발이 필요하다고 본다. 따라서 지역의 작가로서 정체성을 갖고 노력할 때 대전문학사의 미래도 긍정적으로 내다볼 수 있을 것이다.

대전에는 예로부터 구전으로 내려오는 이야기 문학이 많은 지역이다. 빠르게 변화하고 있는 지역의 특수성을 감안 할 때 점점 잊혀져가고 사장되어 가는 지역문화에 대한 관심이 필요하다. 지명에 담긴 의미, 방언 그 밖의 민요, 속담, 수수께끼, 무가, 행두소리, 전설, 민담 등 아동들에게 알려줄 우리의 많은 전통문화가 풍부하게 있다. 이것들을 아동들에게 재미와 효과적으로 전승할 방법을 아동문학가들이 고민해야 한다.

대전지역을 중심으로 아동문학의 소재와 배경이 될 수 있는 풍부한 구비문학에도 작가들이 관심을 가져야 할 시기이다. 지역의 전통을 지켜 나가려는 노력을 기대하며, 지역성 짙은 작품이 세계적일 수 있다는 말을 새기며 글을 맺는다.

본 연구는 대전아동문학을 연구하려는 이들에게 기초자료로 제공하기 위해 연구되었다. 처음으로 시도된 대전아동문학에 대한 다각적인 연구가 여러 면에서 부족하였음에도 불구하고 이 연구는 현재까지 다소 등한시 되어온 아동문학에 대한 관심을 제고하고, 대전문학사의 한 부분을 정리하였다는데 의의가 있을 것이다. 앞으로 좀더 구체적이고도 개별적인 연구 검토가 더 절실하게 필요할 것이다.

2부

감각의 언어로 읽어낸 랩소디

1. 한금산 편

『내린천 서정』 물빛 닮은 시인

제27회 대전시문화상(문학 부문)을 수상한 한금산 시인을 만났다. '내린천 물이 휘돌아 품어 안은 산골 마을 강원도 인제'에서 태어난 시인은 춘천사범학교를 졸업하고 초등학교 교사생활을 시작으로 2005년 대전의 한 고등학교 교장으로 정년을 한 시인이다.

정년 이후 본격적인 시 창작활동에 전념하여 《아동문예》 《문예사조》 《문학사랑》으로 등단은 물론 다섯 권의 시집과 네 권의 동시집을 출간했으며, 한 권의 산문집을 펴내 뛰어난 문학적 성과를 인정받아 수상의 기쁨을 얻었다.

"대전시문화상 수상을 축하드립니다."

"네 고맙습니다."

작은 체구임에도 단단함이 묻어나는 인상에서 나이에 비해 매우 젊다는 느낌이 들었다. 거듭 수상의 이야기를 상기시키자 수줍게 웃는 얼굴빛이 맑다. 그동안의 업적을 따져 정해진 것 같다며 빙긋이 마음을 낮추는 표정과 말씨도 소박하다.

《현대문학》은 시인의 길로 안내해 준 고마운 책

편안한 마음으로 이야기할 수 있는 분위기를 찾아 계룡산 뒤편 하신리 아담한 찻집으로 그를 안내했다. 내실로 들어가는 문 앞 동그랗게 박혀 있는 빗살무늬 맷돌에 눈빛이 잠시 머무는 것을 보았다.

무얼 드시겠냐고 물었더니 뜻밖에도

"솥에서 나온 것 중 빨래 빼놓고 다 먹어요."(웃음)

라며 활짝 웃는다. 진하게 우렸다는 대추차를 주문하였다. 만난 지 오래지 않아 참 진솔한 느낌이 들었다. 절절하게 묻어나오던 시인의 시편들이 고즈넉하게 가꿔진 낮은 툇마루 담장에 오버랩되어 되살아나곤 하였다. 시에 대한 이야기를 꺼냈다.

"시를 쓰게 된 동기가 궁금해요, 선생님."

분위기 탓일까? 처음의 어색함을 많이 덜어낸 듯 편안하게 말을 열었다.

"시를 처음 접하게 된 것은 중학교 시절 국어선생님의 영향이 컸어요. 시인이셨던 국어선생님은 곧잘 시를 읽어주기도 하고 외우게도 하였지요. 숙제로 한 습작품을 보시더니 나에게 《현대문학》 책을 권해 주셨어요. 그것이 큰 도움이 되었지요. 박목월 시인이 쓰신 『동시작법』도 읽었지요. 글을 제법 잘 썼는지 문예부장을 늘 맡겨 주셨어요."

그때부터 그는 습작을 시작했다고 한다. 사범학교 시절 친동생인 한수산 작가가 백일장에서 장원을 하였을 때 형으로서 축하의 글로 시 한편을 보냈는데 그것이 강원일보에 실리면서 화제가 된 일화를 소개하기도 한다.

독서는 나를 키워준 또 하나의 선생님

독서에 관한 이야기로 말을 이어 갔다.

"책을 무척 좋아해서 독서를 많이 했어요. 시골에는 읽을 책이 많지 않아 늘 목말라 했지요. 사범학교에 진학을 하니 도서관에 책이 어찌나 많던지 틈만 나면 도서관에 가서 책을 읽었어요. 물 만난 물고기 같았지요.(웃음) 빌려주지는 않았기에 궁리를 했지요. 사서도우미를 하기로 한 거예요. 도서관 직원이면 책을 집으로 가져가 밤새워 맘껏 읽을 수 있었기 때문이지요. 이광수 작품들은 안 읽은 책이 없어요. 그때는 교과서에 실린 관동별곡이나 아주 긴 문장의 시들도 모조리 외워 책을 보지 않고도 수업을 할 수 있을 정도였지요."

요즘엔 도무지 외워지지가 않는다며 아쉬움을 토로하는 그는 지금도 한 달에 이십만 원 이상을 책 구입에 쓰고 있단다.

사랑을 잃으면 사람은 죽은 것입니다

그의 시들을 읽다보면 아련한 아픔이 느껴지는 시들이 유독 많다. 그 이야기에 대해 말문을 열어보려 미리 준비해간 시 한 편을 낭송해 주며 분위기를 잡았다.

파랗게 언 손 가녀린 햇살에 맡겨
차가운 바람에라도 덥혀 보려던
그 참혹한 기다림

끝내 한계에 부딪힌
기다림마저 포기하던 물든 잎새에
눈물 같은 이슬도 내리지 않았다

녹아내리던 햇살도 숨을 고르던 어느 날
기적이듯 피가 돌아
뽑아 올리듯 내민 머리에
소리치는 혓바닥이
밖으로 튀어나오도록
불러본 당신
– 생략

–「꽃무릇」 부분

시 속에 비쳐진 그 비극적 요인의 불씨, 하마르티아(hamartia). 궁금증이 좀처럼 가시지 않았다. 조심스럽게 그녀에 관한 이야기를 물었다.

조심스러워 하며 그러나 담담히 춘천사범학교 시절 오해로 어긋나버린 비극적 첫사랑에 관한 짤막한 사연 하나 시인에게는 치명적이었을 상처. 누구에게나 하나쯤 숨겨져 있는 뒷골방 같은 그 이야기, 그녀. 이별 후 무작정 낯설고 먼 경상도 땅 끝 한산도 섬에 있는 오지학교로 발령받아 떠났다고 한다. 하루에 한 번의 배편이 유일한 소통의 전부인 곳, 얼마나 그리움이 사무치던지 두 달을 넘기기가 어렵더란다. 시인은 그곳에서 많은 시편들을 쏟아내지 않았을까.

후에 충청도 홍성에 와서야 지금의 아내와 결혼하여 아직껏 잘 살고 있다는 이야기를 전하며 그는 담담히 말한다.

"사랑을 잃으면 사람은 죽은 것입니다."

시는 결국, 진실한 자기 자신이어야 해요

그의 시편들에는 가식이 느껴지지 않는다. 진실하고 순박하다. 사람냄새가 물씬 나는 좋은 동시작품들이 많은데 인간과 자연이 교감하는 시인의 넉넉한 인간적 면모를 짐작할 수 있게 한다. 시 속에 그대로 투영되어 있음을 알 수 있다.

겨우내 찬바람 이겨낸 시금치
까치가 와서 고갱이만 남기고
뜯어 먹었다

아빠는 말뚝을 박고 그물을 쳤다

"까치에겐 보릿고개인데, 그냥 두렴."

옥수수가 수염 색깔이 변하기 시작할 때
까치가 파고 뜯어 먹었다
아빠는 또 그물을 쳤다

"나눠 먹고 살게, 그냥 두렴."
동생이
책상에 매달려
아빠가 쓰던 원고를
망쳐 놓았다

"저도 쓰고 싶은 게지, 그냥 두렴."

할머니 말씀은 하나뿐이다

"그냥 두렴."

-「그냥 두렴」 전문

시인의 시를 읽다보면 살아온 발자취가 선명하게 그려진다.

"시는 결국 진실한 자기 자신이어야 해요."라고 한 시인의 말이 큰 울림으로 온다.

펜 하나만 가지면 죽을 때까지 쓰고 싶은 글을 마음껏 쓸 수 있으니 얼마나 좋으냐며 활짝 웃는 그는 천상 시인이다.

[대전예술 2015년 11월호]

2. 노금선 편

『그대 얼굴이 봄을 닮아서』를 산책하다

쉼표가 필요한 날에는 노금선 시인의 두 번째 시집 『그대 얼굴이 봄을 닮아서』(2015, 시와 정신)를 읽어보시기 바란다. 첫 시집 『꽃멀미』(2012)가 나온 지 3년여 만에 선보인 이번 시집은 산문시 총 125편을 4부로 나누어 '봄'(그대 얼굴이 봄을 닮아서), '여름'(장마가 오겠지요, 그대처럼), '가을'(가을에게 그대를 물었습니다), '겨울'(하얗게 웃으며 겨울이, 사랑하라 합니다)의 부제를 붙여 실었다. 조해옥 비평가의 해설을 붙이고, 시편들 사이사이 여백에는 김해선 화가의 그림들을 배치해 시와 그림을 함께 읽고 감상할 수 있게 구성해 놓아 작은 갤러리를 한 바퀴 돌아 나온 느낌의 시집이다.

저자 노금선 시인은 여고시절 〈돌샘문학〉에서 문학 활동을 시작하여 문학과의 인연을 맺는다. 평양 출생으로 1 · 4후퇴 때 아버지를 따라 피난 내려온 후 갑자기 3 · 8선이 가로 막히면서 어머니와의 생이별을 겪어야 했고 힘겨운 어린 시절을 보내야만 했다.

사춘기 시절 글 쓰는 취미로 다소나마 마음의 상처를 달랠 수 있었던 시인은 문학동아리 활동에 열심히 참여하며 산문 잘 쓰는 소질을 인정받은 덕에 이덕영 시인의 주선으로 서라벌예대 문예창작과 특기생으로 입학하게 된다.

졸업 후에는 잠시 MBC, KBS 아나운서로 사회생활을 시작하였으나 결혼과 동시에 사표를 내야 했다. 결혼 일 년 만에 남편의 사업실패로 큰 어려움을 겪기도 하지만 늘 새롭게 도전하며 끊임없이 자기 검열의 과정을 통해 성장하는 삶을 선택한 그는 마침내 한국화 화가로, 시낭송가로, 시인으로, 최근엔 칠십이 넘은 나이임에도 한남대 대학원에서 문예창작 박사 과정을 공부하며 문학에로의 끈을 놓지 않고 있다. 한편 시인은 장애인복지시설과 노인요양시설을 설립해 돌봄이 필요한 노인과 장애우들에게 편안한 쉼터를 제공하여 의미 있는 시간과 바쁜 일상을 보내면서도 꽃길을 서성이며 시냇물소리에 가던 길 멈추어 귀 기울이는 감성적인 시인이다.

노 시인의 시집 『그대 얼굴이 봄을 닮아서』에 실린 시편들이 전체적으로 아우르고 있는 주제는 역시 '사랑'이다. '사랑은 모든 치유의 근본'이라고 머리말에서 밝히고 있듯, 시인에게 있어 사랑은 중요한 삶의 과정이며 지향점으로 자리한다. 어느 땐 연인이었다가, 절대자였다가, 자연이었다가, 소외된 이웃이었다가, 만날 수 없는 어머니였다가, 다양한 대상으로 치환되고 현현하여 시인에게 있어 '사랑'은 자기 정체성을 찾아가는 과정으로 인식하고 있는 듯하다.

어린 시절 어머니의 부재에서 오는 충격에서 비롯된 결핍이 사랑에 대한 끊임없는 희구로 고착되어 있는 것은 아닐까도 싶다.

> 우리 모두의 타향인 지구라는 섬에서 만나 사랑하며 산다는 것은 정말 꿈같은 일입니다.
>
> -「정각」 전문

시적화자의 태도로 미루어 보아, 어느 정도의 어려움으로 인한 깨달음을 통한 승화된 경지에서 터득한 사랑의 인식이다. '날마다 초록빛 산자락에 흐르는 샘물처럼 사랑으로 다가오는 사람'이 더없이 소중하다. '세상 다하는 날 마지막까지 부르고 싶은 사람'으로 곁에 두고 싶은 순수한 사랑의 마음이지만 '그리움으로 가슴 저리도록 보고픈 사람'으로 늘 현실의 간격은 안타깝게 비켜 있어 애간장을 태운다. 꼭 멀리 있어서가 아니다. 곁에 있어도 늘 고무되어 출렁이는 시인의 심상이다.

> 강풍도 강설도 지우지 못한 저 산하의 푸른 눈빛 좀 보세요. 두근거리는 파동, 얼마나 아름다워요. 조그마한 가슴에 사랑이라는 샘물 가득 담아 놓으니 세상에 아름답지 않은 것이 없네요
>
> -「그대 오는 소리」 부분

사랑의 힘으로 생성되는 생명의 파동을 누구보다 예민하게 느

끼고 갈구하는 시인의 마음은 늘 허전함이 공존하고 있음을 감지할 수 있는데 그렇다고 결코 좌절하거나 포기하지 않는 미덕을 지니고 있다. 또 다른 형태의 사랑을 통해 극복해가며 새롭게 태어나고자 하는 삶의 열망이 긍정적이며 결연하다. 사랑이란, 결국 시인 자신이 진실하게 드러내 놓고 상처를 치유해 가며 극복해 가야할 삶의 과정으로 인식하고 있는 것이다. 다행한 일이다.

시인의 시들은 진정성 있는 자기 고백적 문체를 통해 독자들이 감추고 싶어 하는 마음을 진솔하게 드러내 줌으로써 많은 공감을 준다. 거추장스런 기교를 사용하지 않고 동양 시학에서 중요시하는 '사무사(思無邪)'의 자세를 견지한다. 그러면서도 본성을 건드려 카타르시스를 경험하게 하는 묘한 이끌림이 있어 고무적이다.

또한 집착에서 오는 허망함을 깨닫게 하는 성소로서의 삶의 현장인, 자신이 운영하는 요양원에서 자주 목격하게 되는 죽음을 통해서 누구나 인간으로서 맞이하게 될 나약한 모습을 보며 부질없는 욕망을 내려놓는 성찰을 하게 된다. 욕망으로 채워진 것들이 한순간 우주 속으로 어떻게 날아가는지를 확인하며 '찰나를 살다가는 신기루처럼, 어느 순간 흔적도 없이 사라지는 바람 같은 인생' 앞에서 오히려 아름답게 사랑을 가꾸겠다는 시인의 결연한 의지는 죽음을 초월하면서도 용기 있는 가치를 실현하려는 시인 나름의 깨달음에서 오는 결정일 것이기에 아름답다.

끝으로 '작가는 작품에서 자신을 죽여야 진정한 의미에서 독자가 탄생한다.'고 한 프랑스 작가 롤랑 바르트의 말의 의미를 기억해 주기 바란다. 문학의 속성상 작품 속 내용과 작가의 삶이 일치하는 것은 아니기 때문에 작품 속에서 작가를 완전히 몰아내고 감상하기를 권한다. 하지만 이번 『그대 얼굴이 봄을 닮아서』 시집에서는 진정성으로 무장한 강한 흡인력을 갖고 있기에 아무래도 작가로부터 멀리 도망치기는 어려울 듯싶다. 벌써 시인의 다음 작품이 기다려진다.

[대전예술 2016년 3월호]

3. 윤월로 편

『밤의 정화』 시인의 숲에 기대어

윤월로 시인의 시선집 『밤의 정화(淨化)』를 도서출판 이든 북에서 출간하였다. 그동안 일곱 권의 시집과 세 권의 수필집을 상재한 바 있는 시인의 시집에서 좋은 시편들을 선(選)하고, 최근 어려움을 겪으며 얻은 작품들을 더해, 한층 울림 있는 시선집을 펴냈다.

시인의 시들은 대부분 서정시 계열의 작품으로, 읽기에 큰 부담이 없으면서도 잔잔한 감동을 안겨주는 시들이 대부분인데 특히 『밤의 정화(淨化)』에서 실린 작품들은 한층 더 확장된 시세계를 보여주고 있어 고무적이다. 소소한 일상의 사물에서 깨달음을 얻어내고, 존재론적 차원으로까지 시세계를 확장시키고 있음은 독자로 하여금 사색의 공간을 넓혀준다는 점에서 의미가 있다. 한 번 읽을 때보다 두 번 읽을 때가, 두 번 읽을 때보다 세 번 읽을 때 더 큰 의미로 다가오는 시편들을 만날 수 있다.

시인은 삼십여 년을 교직에 몸담아 왔다. 일찍이 초등학교 시절부터 일기쓰기로 다져진 문장력으로 강경여고 때부터 시를 습작, 대학시절에는 《공산성》 학교 교지 2집에 단편소설 「네 번째의 기원(祈願)」을 발표하기도 하였고, 공주교대를 졸업하고 1967년 교사생활을 시작하던 그 이듬해에는 한상수의 권유로 동화를 써서 중도일보에서 발행하는 주간지 《중도어린이》에 단편동화 「빨강 사과 파랑선생님」을 연재한 바 있다.

그런 그가 돌연 시의 길로 들어서서 지금껏 시인의 삶을 살아온 것은 남편 덕분이라고 한다. 둘째 딸을 낳고 5년 만에 어렵게 얻은 아들 강원의 득남을 축하하며 남편 서영석 선생이 선물로 엮어준 첫 시집 『나무 오른편에 서서』를 상재하면서 평생을 오롯이 시의 길을 걸어왔다고 한다.

막내아들 결혼식을 끝으로 더 없이 평화롭던 한때, 갑자기 난소암이라는 진단(2014)을 받고 어려움을 겪게 되었다고 한다. 다섯 시간에 걸친 대수술(2014)과 세 차례의 항암치료, 일 년 뒤 또다시 세 번의 항암치료를 받으며 뜻하지 않게 어둡고 긴 터널을 경험하게 된 그는 '눕지도 못하고 서서 걸어보아도, 좋아하는 음악을 들어보아도, 모두가 헛된 일로 느껴졌고, 참혹하고 비참한 날'들을 보내며 마음 추스르기 위해 밤으로 시를 썼다고 한다. 신기하게도 마음이 차분해지면서 하루하루 정화되고 있는 자신을 발견하고 '글쓰기가 정말 운명인가 보다'라는 생각이 들었다고 들려준다. 그런 이유로 이번 시선집 제목을 『밤의 정화(淨化)』로 붙이지 않았을까.

윤월로 시인의 시 주제는 아무래도 사랑이다. 어머니로, 아내로, 자식으로, 며느리로, 이웃에 대한, 신앙에 대한, 사랑의 마음이 바탕을 이루고 있다. 시의 길을 오롯이 걸어온 시인은 가족의 특별한 때를 기념하여 책 한 권씩을 묶어 사랑과 감사의 마음을 담아 의미를 새기고자 했다. 큰딸 혜원의 스위스 제네바대학에서 박사를 받음을 축하하는 기념으로 『진주가 되고 싶은 날』을, 결혼생활 33년을 기념해 남편에게 수필집 『머루헌의 누운 향나무』를, 둘째 딸에게 주는 『활짝 피어라 노랑장미』 수필집을, 사법고시를 끝내고 결혼을 하는 기념으로 아들에게 시집 『오늘, 그 축복의 노래』를 선물하며 가족의 사랑과 감사를 확인하는 글쓰기로 마음을 담고 있다. 신앙과 가족이 시의 원천이라 말하던 시인의 말이 진정성 있게 다가온다.

그의 시편들에선 모성을 드러내는 여성성이 강한 작품들이 많은데 어머니로, 아내로, 며느리로, 굳이 시적화자 뒤로 자신을 숨기지 않고 드러낸다.

> 쓰러져
> 자연으로 돌아간다 할지라도
> 나 서둘러 두엄이 되어
> 온몸 뜨거운 열기로 다가가
> 꽁꽁 언 너의 발을 적셔주마
>
> –「어머니」 부분

자식사랑에 대한 깊고도 뜨거운 사랑의 모습을 여과 없이 보여준다. 문득, '천날, 만날을 뜻과 정성을 다'하고도 '피와 눈물을 쏟아 붓고, 살과 뼈를 썩혀', '둥근 한 알의 목숨'으로 오롯이 당신 앞에 빛나는 '진주가 되고 싶'다고 고백하는 시적화자 역시 1인칭 시인 자신임을 주저하지 않는다. 좀 가까이 들여다보자.

세상에서 가장 너른 바다 속에서
잔뼈가 굵어
성품도 좋지
누구도 가리지 않고 잘 어울리는구나
세상에서 가장 부드러운
물의 품안에서 자랐음에도
돌처럼 단단한 기상
나무랄 것 없이
장하구나
세상에서 가장 밝은 빛과 별 속에서
목이 마르도록 몸을 태웠는데도
눈부시게 흰 살결
마음까지도 그렇게
맑고 투명하겠구나
그럼에도 불구하고
행여 제 모습 드러날까
숨고 또 숨고
녹고 또 녹아져내려
목숨 걸고 썩어질 것들을 지키든가
오직 맛을 위하여

전 생애를 포기하는 눈물겨운 의지
소금
너는 사랑의 진면목이다.

—「소금사랑」 전문

시 「소금사랑」은 시인이 평생 걸어온 삶의 모습이며 시인 자신의 '자화상'을 형상화한 작품이 아닌가 싶다. '녹고 녹아져 내려 목숨 걸고 썩어질 것들을 지키든가 오직 맛을 위하여 전 생애를 포기하는 눈물겨운 의지'에 이르러서는 콧날이 시큰한 울림을 준다. 어떤 숙연함이 느껴지기도 한다. 생의 완성을 향해 나아가고자 시적화자가 주는 인간미가 어느 새 피울음으로 다가온다.

시인은 일상에서 마주하게 되는 소소한 사물들에서 감지되는 깨달음도 놓치지 않는다. 젊었을 때 미처 알지 못했던 것들을 깨닫게 되는 순간 예민하게 알아차린다. '어머님 가신 지 두 봄이 지나고서야 쓴맛이 단맛보다 더 좋은 맛'인 것을 머위쌈의 알싸한 쓴맛의 묘미를 알게 되면서 비로소 눈뜨게 되는 후회, 살갑게 마주하지 못했던 죄스러움, 이런 것들은 초록이 구겨져 버리고서야 비로소 깨닫게 되는 어리석음을 안타까워하는 시적화자의 인간적인 면모가 자주 보여 삶을 되돌아보게 하는 감성적 체험을 하게 한다. 어디 머위쌈 뿐이었을까.

시적화자는 우주적 질서 속에 깃든 긴밀한 생명의 순환 고리를 예리한 눈으로 바라보기도 한다. 근원에 대한 깨달음으로 나아가기까지 얼마나 많은 시간들을 흘려보내고 여기까지 왔을까.

오늘, 나의 일용할 양식을 위하여
생명들이 죽었다
쌀의 생명, 콩의, 시금치의
호박의, 멸치의, 다시마의
양파의, 닭의

-「생명- 돈오3」 부분

또 다른 생명들을 살리고자 죽어간 무수한 생명들을 알아차리는 인식의 깊이, 우주의 순환 속에 내 생명도 언젠가 자연의 일부로 자연의 먹이로 썩어질 것임을 알아차리고 있는 것이다. 「봄사과」에서는 좀더 시적화자의 속내를 드러낸다.

아, 너는 오늘 내 생명의 밥이 된다.
그리고 나도 너처럼 시간을 뚝 잘라
곱게, 아주 곱게 갈아서
또 다른 생명의 밥이 된다.
우린 그렇게 죽어가고
우린 그렇게 살아가고

-「봄사과」 부분

시인은 시적화자를 통해 담담히 서로에게 기대어 살아갈 것과 서로에게 등이 되어주는 따뜻한 삶의 소중함을 일깨워 주고 있는 것이다. 삶에 대한 인식이 죽음에 깊이 천착해 이미 새로운 세상을 꿈꾸고 있는 시인의 마음이 결집되어 있다 보여진다. 참 긍정적인 힘이다.

시인의 긍정의 마음이 잘 집약되어 있는 또 한 편의 시를 감상해 보자.

> 남에게 줄줄도
> 남에게 받을 줄도 알기
>
> 배부르거나, 굶주리거나
> 비천하게도, 풍족하게도
> 사는 법을 터득하기
>
> 고통은 사람을 크게 만들고
> 기쁨은 사람을 영글게 하나니
>
> 어떤 일을 당해도
> 모든 것을 견디고
> 모든 것을 이루기
>
> 그 안에 나를 그리고
> 내 안에 그를 새기기
>
> -「살아가는 법- 소유12」 전문

처음부터 그렇게 살았을 리 만무다. 삶의 비탈 끝에서 바라본 깨달음, 받을 줄도 알고 베풀 줄도 알면서 자연스럽게 더불어 살아가기! 무수히 흘러온 삶의 여정이 무르익어 이제야 평범한 이야기로 다가오는 것이다. 독자들에게 힘주어 말하고 싶은 시인의 마음이 아닐까.

[대전예술 2016년 12월호]

4. 장덕천 편

『단풍나무 악보』 연주를 위한 레시피

장덕천 시인의 여덟 번째 시집 『단풍나무 악보』가 B5판 반양장으로 문학아카데미시선에서 발간되었다.

대전에서 출생(1940)하여 충남대 경영학과를 다닌 그는 대학시절부터 문학도를 꿈꾸며 소설을 쓰기도 하였으나, 정작 졸업 후에는 공무원 생활로 시작하여 성공한 사업가로 활발한 사회생활을 한다. 그런 그에게 시련이 찾아온 것은 쉰 살 되던 해 갑작스런 교통사고로 인해 하반신 마비의 장애를 얻으면서부터였다. 더구나 근육 무기력증인 루게릭병까지 앓게 되면서 극심한 좌절과 고통을 겪어야만 했다. 의사로부터 6개월을 넘기지 못할 것이라는 진단을 받았다. 살기 위해, 살고 싶어 선택한 것이 문학이었다고 한다. 굳어가는 근육병의 어려움 때문에 젊은 시절 꿈이었던 소설보다는 시를 선택했다고도 했다.

장 시인은 《문예한국》에 「어항 모노로그」가 당선되면서 삶의 중심에 비로소 시를 들여놓고 시인으로 살게 되었다고 한다. 시심을 키우던 습작기에는 '초등학교 4학년 수준'이라는 어느 시인의 충격적인 말에 자극이 되어 본격적인 시 공부를 결심하고 박제천 시인의 문하생이 되어 문학아카데미 수업을 열심히 들었다. 이를 위해 서울로 일주일에 두어 번씩 업혀 다니며 강의를 듣고 좋은 시를 얻고자 밤잠을 설쳤다고 한다. 문학에 자신을 담금질하는 동안 『브라암스 자장가』 외 7권의 시집과 『가을에 떠난 사람』 외 1편의 수필집을 출판하는 등 대청호 샘골 집필실에서 자연과 더불어 눈 맞추며 치열한 문학적 삶을 살고 있다며 자신을 뿌듯해 한다.

장 시인에게 시란 마음공부를 하는 고집멸도(苦集滅道)의 일이란다. 마음의 고통을 덜어내기 위한 몸부림이 아니었을까도 싶다. 문학은 결국, 장애에 대한 불편한 생각들을 바꾸게 하였고, 살아가는 이유가 되어 주었다는 그는 장애로 얻은 불편함이 절망만이 아닌 '살맛나는 세상에 상상의 꿈을 키우게 하는 힘'이라 말하는 장 시인의 표정에서 어떤 자신감이 느껴진다. 행복해 보인다. 연밭을 일구며, '연꽃 같은(佛心)'의 마음도 키워 올린 덕이 아닐까.

요즘 시인의 하루는 감사함으로 시작한단다. 문학으로 인연 되어진 이들에게 오는 수십 통의 메일을 확인하고, 답장하는 일로 시작해 다양한 독자와 블로그에서 만나 소통하고, 글을 쓰고, 읽고 싶은 책을 마음껏 읽고 대청댐 집필실 주변을 산책하며 만나는 사물들과 교감하는 시간이 가장 행복한 일이라며 환하게 웃는다.

인사 나누며 깨닫게 되는 것들을 시로 형상화해 내기에 바쁘단다. 그러면서도 시인은 문득, 풀밭 흙 속에 버려져 있는 녹슨 호미에 집중한다.

> 풀밭에 호미가 버려져 있다
> 녹슨 호미 주둥이가
> 흙 속에 처박혀 침묵한다
>
> 몸 한번 바로 세우지 못하고
> 씨 뿌리고 거두고
> 다시 뿌리고 거두고
> 평생을 허리 굽혀 굽신거리며
> 땅만 내려다보고 살아온 삶이다
>
> 한 마디 유언도 없이
> 흙 속에 녹슬어 뼈를 묻은
> 샘골 머슴 김씨가
> 누워 있다
>
> –「샘골 머슴 김씨」 전문

'흙 속에 처박힌' 채 버려진 호미를 통해서 '샘골 머슴 김씨'의 고단했던 삶을 대입시키고, 장애를 입은 자신을 투영해 보기도 한 것일까. '몸 한번 바로 세우지 못하고 녹슬어 가는 삶'을 안타깝게 바라보고 인식하는 시인에게 마음이 머물 무렵 거기서 새로운 시 한 편을 마주하게 된다.

꽃도 깨우침을 얻는가
이 아침 보리수련에서 보는 보살님 얼굴
햇살로 웃으며
바람으로 내뿜는 향기
하늘은 비어 더욱 푸르다

―「보리수련」 부분

시인은 대청호반을 끼고 있는 샘골에서 만나는 자연의 모습에서 보살의 모습을 만나게 되는 것이다. 많은 위안을 얻고 또 깨달음을 얻었음을 고백하고 있다. 주변에 가꿔온 연꽃에서 '보살의 얼굴'을 발견할 만큼 이젠 마음이 여유롭기까지 하다. 내려놓기 힘든 욕망들을 모두 내려놓기로 마음먹었기에 가능한 일이다. 비워야 채울 수 있듯이 '비어서 더욱 푸를' 수 있다는 것을 깨닫는다. 그러다가도 문득, 시간이 온통 '귀로 열리는 날'에는 '고물고물 연둣빛이 올라오는 풀잎'의 얼굴을 경이롭게 바라보기도 하며 새로운 눈 뜨임으로 고통의 시간들이 익어갔을 것이다.

어둠은 아름답다
참새 들새 잡새들의
너 잘났다 너 잘났다 시새움도
어둠 속에 가라앉는다
깔짐 지는 김씨 아저씨와
날품 매는 강씨 아줌마의 고달픔도
어둠이 감싸안는다
– 중략

상처를 털어 내며
상처를 끌어안으며
어둠이 어둠을 보듬어 주는
어둠은 아름답다

–「어둠은 아름답다」 부분

그렇다! 문학은 그에게 삶인 동시에 구원으로 자리했음이다. 장난처럼 쓴 글들이 일생의 기록이 되었다는 그의 시에는 어느 새 고통스런 체험들이 육화되어 따뜻함이 배어나온다. 이제 더 이상 어둠은 어둠이 아니라 아름다움으로 승화된 빛으로 단단한 무게를 지닌다. 그가 보여주는 깨달음의 질량이 결코 가벼워 보이지 않는 것은, 어둠 속에 오래도록 서 있어 보았기에 알아차릴 수 있는 심미안, 시인의 깊어진 눈길이 더없이 그윽하게 다가오는 이유일 것이다. 참 아름답다.

[대전예술 2016년 9월호]

5. 최원규 편

영원회귀의 시학 『저녁을 위한 명상』

최원규 시인(1933년~)은 1962년 시 「나목」으로 《자유문학》 신인상을 수상하며 문단에 나와 50여 년을 오롯이 시를 가르치며 시 쓰기를 소명으로 살아온 시인이다. 팔십의 중반에 내놓은 이번 시집, 『저녁을 위한 명상』은 시인의 길을 걸어오며 일궈낸 시적 사유를 한눈에 가늠해 볼 수 있으리란 기대를 하게 한다.

시인은 시집 서두에서 시작(詩作)을 생활 속에서 경험하는 이미지로 생명의 근원과 본질을 탐구해가는 과정으로, 미학적가치보다도 시인 자신의 삶의 반사체로 정체와 본질을 형상화해 가는 작업임을 밝히고 있다. 시인의 말대로라면 시에 그리고 입힌 삶의 무늬들이 투명하게 작품 속에 반영되어 있을 터, 노시인의 정신적 사유의 뜰을 거닐어 보는 기회가 될 것이다.

『저녁을 위한 명상』에 실린 150여 편의 시를 살피다보면 소멸에서 비롯된 비극적 인식을 초월의지로 극복해가는 건강한 시적 화자와 만나게 된다. '가랑잎처럼 바스락'(「저녁 난간에 기대어」) 거리는 인생의 완숙기에 닿아 있는 시인은 빈 것 속에서 가득한 것을 보는 노련함이 엿보이는데 이는 고통스런 삶을 경험하며 얻어진 성찰적 인식에서 온 결과가 아닐까 싶다.

비극적 인식의 출발점은 유년시절에서부터 기인한다. 썰매를 타다 눈을 다쳐 치료를 하러 간 병원에서 말라리아에 감염되어 사경을 헤맨 경험과 허약해 고립되었던 경험, 연이어 6·25전쟁을 겪으며 마주하게 되는 참혹함과 허무함 — 함께 뛰어 놀던 친구들이 어느 날 모두 없어졌다든지, 전쟁이 끝나 학교로 돌아왔을 때 학급친구 들 반 수 이상 죽어 없어진 경험-을 겪으며 '생명이란 무엇인가'에 대한 끊임없는 물음을 갖고 성장기를 보냈다 한다. 이러한 상황은 감수성 예민한 시기에 깊게 각인 되었을 것이다. 혹자는 한 작가의 세계가 유년의 벽을 넘지 못한다고 말하기도 한다. 생명이란 무엇인가에 대한 물음을 의식의 밑바탕에 채우고 살지 않았을까.

또 다시 인생을 마무리하는 원숙한 나이에 접어들며 소멸에 대한 인간이 느낄 수 있는 부정적 정서에 노출되었을 터, '하루도 거르지 않고/ 손에서 놓이지 않던 /물소가죽의 검은 가방'(「낡은 가방을 들다」)을 내려놓으며 허망해 하는 인간적 모습을 숨기지 않는다.

이미 '깊고 긴 진흙 속에/ 머리를 들고 서 있는'(「연꽃을 보며」) 자신을 발견하고는 '온 몸으로 딩굴며 살아온 날'들이 왜 섭섭지 않을까마는 시적화자는 이내 '섭섭다 하지 말고/ 사무치다 하지 말고/ 훌훌히 떠나'리라는, 그리하여 '모두를 버리고 비로소 나를 얻었'음을 고백하고 있는 것이다.

'정신의 재가 타고 남은 자리에 싸늘히 식은 재'와 같은 명징한 언어(「시」)를 찾기 위해 고뇌하듯, 선(禪)의 구도적 행위로 승화되고 나아가 초월적 세계로 확장시켜 나아가는 유연성으로 나타나는데 이는 끊임없는 사색과 성찰적 시 쓰기를 통해 얻어진 결과일 것이다. 이러한 내공은 생성과 소멸을 거듭하며 변화해가는 다소 비극적 상황에서도 여유롭고 인생의 의미를 재발견해 내는 시인의 건강함을 보여준다.

사실 종지부를 찍는다는 것은
열매가 땅으로 떨어지는 순간의 소리와 같아
툭 하는 몸짓에 불과하지만
그 순간 바람의 파동을 물살을 만들 수 있나니
물로 영원히 산다는 사실에
수긍하는 기도나 믿음이 있을지라도
우리를 붙들고 있고 그것을 믿어
서로 눈물도 흘리고 손도 잡아보지만
오히려 커다란 망각의 굴레에
바람과 흙의 만남처럼 갈라질지 몰라

폐허와 먼지와 긴 모래사장의
밤과 낮 끝없는 되풀이 속에
한 알의 모래 속에 숨어 있다가
밤하늘의 뭇별 속에 숨어 있다가

어느 순간 보일 듯 없어지는
허망한 것이 아니드뇨
마침내 강으로 흘러 바다에 가고
강에서 만난 거센 파도 앞에서 서서히
하늘에 올라 이승을 내려다보는 것이뇨
흐르고 멈추고 솟고 흐트러짐이
우리가 가는 길이 아니드뇨.

—「금강보에 와서」 전문

마침내는 '하늘의 환한 어느 곳'에 무심으로 돌아가 '아름다히 아름다히'(「저녁을 위한 명상」) '한 송이 금잔화' (「땅을 찾는다」)로, '울긋불긋한 들꽃처럼 웃음이 번져/ 부서지며 흩어지는 소멸'(「소멸을 빈다」)을 기다리는 시인은 이미 죽음의 경계를 넘어 윤회의 인연법 안으로 수용하고자 한다. 그러면서도 아직 '한 줌 남아 있을 햇살의 줄기'를 찾아 흐려진 '안경을 다시 닦으며'(「저녁 난간에 기대어」) 다시 아침을 맞는 노시인의 경건한 모습과 만나게 되는 것이다.

6. 정순진 편

생의 재발견 , 휴머니즘 『괜찮다, 괜찮다』

『괜찮다, 괜찮다』, 정순진 교수의 에세이집이 도서출판 선우미디어에서 261쪽 신국판으로 나왔다. 살아오며 뜻하지 않게 마주한 고통의 시간들을 절망과 좌절을 넘어 축복으로 받아들인 작가의 생각을 진솔하게 담고 있어 감동을 준다. 시 · 소설과는 달리 생활의 자잘한 이야기들을 작품의 제재로 삼은 미셀러니(miscellany)로 자칫 가볍게 흐를 수 있는 위험을 극복하고 작가의 진솔한 삶의 면면들을 모범적으로 보여주고 있어 울림이 있는 글이다.

이번 책은 특별했다. 살자면 어려운 시절도 있고 힘이 나는 시절도 있는 법이지만요 몇 년 평생에 한 번 겪을까말까 한 일을 연달아 계속 겪어내야 했다. 자기에게 닥친 일을 겪어내지 않을 방법이 없으니 누구라도 겪어낼 수밖에 없겠지만 그 극심한 고통과 싸우지 않고 잘 대접해 보낸 느낌이었다. 횡액 혹은 우환으로 내게 온 그들을 축복으로 바꾸어 받았는데 물론 그럴 수 있도록 도와준 고마운 존재가 많았다. 내게 닥친 시련을 그냥 고통스러워하면서 보내지 않고 변화와 성숙의 계기로 삼을 수 있었던 것은 글을 쓰면서 상황을 정리하고 그 존재들에게 감사한 덕분이었다. 글을 묶은 것은 순전히 고마운 그 사람들에게 나누어 주고 싶은 마음에서였다. 또 살면서 시련을 만나지 않는 사람은 없는 법이니 시련을 축복으로 바꾸는 비법을 나누고 싶어서였다.

－「책을 내고 나서」 부분

대전대학교 국어국문창작학과 교수로 재직 중인 정순진 수필가는 최근 건강에 이상이 생겨 심적 어려움을 겪는 중에 따뜻한 마음을 보내준 고마운 가족, 친지, 이웃들에게 회복한 자신의 모습과 극복 경험을 전해주고 싶어 글을 엮었다고 밝히고 있다.

뜻밖에 찾아온 시련은 절망이 아닌 축복으로 거듭나 삶을 무르익게 한다는 것을 지나온 시간의 되새김을 통해 보여준다. '가을 빗속 빗방울을 받아들여 썩어가는 나뭇잎을 통해 우주의 합창으로 들으며 수북하게 덮이는 나뭇잎들을 바라보며' 자신의 존재 역시 유한한 자연의 부분임을 깨달으며 '괜찮다, 괜찮다' 스스로를 다독이는 명상에 이르러서 지극한 성숙의 모습을 마주하게 된다.

언젠가부터 눈여겨보았을 것이다. '콘크리트 부서진 틈에서 뿌리내리고 꽃을 피워내는 그 수많은 세상의 풀잎'이나 '먼지 몇 점만 움켜쥐고도 뿌리 내려 꽃 피워내는 강인함'(「초록을 좋아한다기로」)과 그 묵묵함, '새와 벌레들에게 아낌없이 자신을 내어주는 나무'들에게서 배웠을 것이다. 가난 속에서, 가부장적 구조 속에서, 성차별의 폭력 속에서도 굳건히 가족을 지켜낸 어머니의 크나큰 희생에서 배웠을 것이다. 한없이 믿어주고 지지해 주던 가족들의 사랑에서 배웠을 것이다. 무엇보다 묵묵히 자리를 지켜내며 힘든 순간들을 겪어내며 깨닫고 어울려 살아온 경험에서 배웠을 것이다. 어둠 속에 있을 때 비로소 너와 내가 함께 깃들고 어깨를 마주하게 되는 것임을, 식물이 풍성히 열매 맺기 위해 캄캄한 어둠이 필요하듯 어둠이야말로 자신을 되돌아보고 어떤 걸음으로 살아야 하는지를 알게 하는 축복임을 말하고 싶었으리라.

어둠의 시간을 통해 그 많은 우주 속에 깃든 의미를 알게 되고 어둠에 잠기면서 땅 위의 모든 존재들과 이어지는 이치를 깨달아 너와 나, 따로따로 분리되어 있던 것들이 어둠 속에서 크나큰 날개 안에 함께 깃들어 간다는 걸 알아차리는 것이다. 자신 또한 우주 만물과 연결되어가는 충만함을 생생하게 알아가는 작은 존재임을, 그리하여 어둠이 인생을 성숙의 단계로 이끄는 큰 동력임을, 더불어 살아가는 소소한 일상이 또 얼마나 귀한 것인가를.

간소하고 소박한 삶의 실천도 보여준다. '아름다운 입술을 갖고 싶으면 친절한 말을 하여라. 사랑스런 눈을 갖고 싶으면 사람들에게서 좋은 점을 보아라. 날씬한 몸매를 갖고 싶으면 네 음식을 배고픈 사람과 나누어라'고 말한 오드리 햅번의 말을 인용하며 삶의 가치들에 대해 세상의 잣대에 대한 부담에서 벗어나 나름의 소박한 방식으로 잘 사는 모습을 보여준다.

육남매의 맏딸로 태어나 형제자매의 든든한 지원군으로, 출가한 시댁에서 역시 맏며느리로서 무거운 짐의 무게를 감당해내며 '맑고, 밝고, 아름답게'라는 가훈 속에 다듬듯 가꾸며 살아온 그녀. 그녀를 둘러싼 끈끈한 사랑과 믿음으로 자리한 아름다운 밑그림이 절로 고개를 끄덕이게 한다. 딸의 혼례에서 일가친지들과 신랑, 신부 친구만으로 치러진 작은 결혼식은 물론이고, 주변사람들과 관계중심의 소통을 중시하며 가족신문을 22년 6개월(100호) 동안이나 내던 일, 병치레에 지친 남편을 위해서 용기를 주며 펴낸 감사의 책, 나이 마흔에 음주 운전자에 의해 어느 날 희생된 여동생의 이름으로 장학 재단을 만들어 지원한 일, 막걸리 한 잔을 마주하고 앉은 고부와 동화된 모습 등, 겉치레를 도려내고 소소한 행복을 실천하는 용기를 보여주고 있어 귀감이 된다.

가장 지역적일 때 세계적이란 말이 있다. 어린 시절 옥천에서 자라며 배우고 익힌 작가의 맛깔난 언어가 아직 살아있다. 오도카니, 어리보기, 아귀아귀 먹어대는, 쏘삭이는, 지청구, 나투는, 개굴창, 다복다복 크는 벌금자리, 쌉싸레한, 탑탑하게 끓여낸 쑥국, 푸슬푸슬 쪄주던 감자, 달부데데한 된장국, 도톰도톰 지져낸 장떡, 봄이 마디게 와야 봄나물을 차례로 맛볼 텐데, 듬성듬성한 머리카락, 썩뚝썩뚝, 마뜩찮은, 달보드레한 등 곱씹어 볼수록 정감이 묻어나는 언어들이다. 특히, 공기놀이 중 하나인 '100동 나기 놀이'를 하며 놀던 골목을 떠올리게도 하고 첫 집기, 두 집기, 세 집기, 막집기 후에 고추장 찍고 동수 받아내기를 하던 정겨운 시골 풍경은 잃어버렸던 향수를 불러다주는 매력을 선물하기도 한다.

앞으로의 꿈이 뭐냐고 물은 적이 있다. 여유롭게 웃어 보이며 기다리는 중이라고 서슴없이 대답하는 그녀의 얼굴이 편안하다. 앞으로 무슨 소명이 주어질지 아직 모르니 그냥 기다리고 있는 중이란다. 인간의 욕심으로 되는 것이 아님을, 순리에 맡겨 거스르지 않는 자연의 이치를 이미 깨달음으로 체득하고 있음이다.

[대전예술 2017년 10월호]

7. 송은애 편

'꽃을 혁신'한 그녀를 읽다

송은애 시인이 열 번째 시집 『詩 · 꽃을 혁신하다』를 오늘의문학사에서 발간했다. 총 102편의 시를 4부로 나누어 싣고, 봄 · 여름 · 가을 · 겨울, 우리나라 산야에서 피고 지는 야생화를 각 시의 제목으로 삼았다.

다양한 야생화 이미지에 가족과 이웃의 모습, 시인이 지나온 삶의 모습들을 능숙하게, 때로 능청스럽게 결합하여 새롭게 환기하는 시의 공간을 확장시키고 있는 시집이다. 시적 화자와 시인과의 거리를 감안하여 읽다보면 시인 읽기가 가능해진다. 시집 한 권을 다 읽고 나면 그녀는 어떤 꽃으로 다가올까?

1부, '봄바람에 피는 꽃'에서 첫사랑의 설렘을, 사랑으로 실천해 보이려는 소망이 선하게 다가온다. 상승이미지의 언어를 효과적으로 사용해 역동적인 삶의 자세를 보여주는 시적화자는 '욕정마저 태우는 강렬한 향기를 뿜어'(「노루오줌」), '사랑으로 담아'내는 (「사위질빵꽃」), '앙다문 입술 순이 입술 아니겠는가. 보아라, 뿌리 끝에 여물어가는 희망'(「고구마꽃」), '내 안에 너를 품어… 우주로 환생하'(「쪽」)는 '방패든 여인'(「에키네시아」)이길 다짐하며 사랑을 지키고 사랑에 집중하려는 풋풋한 모습을 보인다.

시적 화자의 속내를 좀 더 들여다보자.

노란 나빌레라
노란 나빌레라

버선발 치켜세워 가슴 열린 그대 품에
바늘꽃 거부해도 안길레라
도깨비 난리쳐도 안길레라

내 너른 가슴 곁에

—「노란 도깨비바늘꽃」 부분

2부, '더위에 더욱 빛나는 꽃'에서는 시적화자가 한층 여인의 자리로 거듭남을 엿볼 수 있다. '분신을 생산하며'(「돼지감자꽃」) '한여름 밤 숲을 지키듯'(「부용화」) 주체할 수 없는 사랑의 감정으로부터 흘러와 한 가정의 역사를 든든히 이룩하는 여전사가 되어, 더위에 더욱 빛나는 꽃들 속에서 의지의 표현들이 무르익어 간다. 풋풋했던 봄의 빛깔은 어느 새 구름에 실려 보내고 '그녀의 입안'에선 '바다 내음'이 물신 풍기는 여인의 자리로 성숙하게 삶을 끌어 껴안고 피어나려는, 충만한 시적화자를 만날 수 있다. '산기슭 어슬렁거리던 그 열기로 // 나 사랑하리라! / 세상을 섭렵한 범의 기상처럼'(「범부채」), '거부감 없이 지쳐 쓰러질 때까지 하늘 빛 노랗게 물들 때까지'(「달맞이꽃」) '열정의 눈빛을 밝히며 불을 지피'(「칡」)며 살 것을 다짐한다. 이러한 속내들이 붉게 익어 '웃다가, 울다가, 알토랑 같은 늪에 닿을 때까지, 바람이 불어온대도, 이 생명 다할 때까지'(「능소화 사랑」) 사랑하기를 멈추지 않을 것을 다짐하는 시적화자는 이미 만삭이다.

3부, '갈무리 속에 의연한 꽃'에서는 순식간 여름을 지나쳐온 가을을 당당하게 받아들이고 어느 새 노을에 취한 무르익은 여인이 되어 멋지게 가을을 걷는 화자의 성숙으로 치닫고 있다. 어느 새 '한쪽 귀 닫아버린' 그녀는 '팔방놀이 하던 아이들 사라지고'(「가지꽃」) '금빛으로 갈무리 하는 초연한 승리자'(「금은화」)가 되어 '내장산 단풍 숲이 무색하'(「동백꽃」)리만치 그녀의 삶 위에 휘영청 달빛이 곱게 내려앉는 것을 알아차린 화자의 마음은 이미 하나의 결실을 향해 있다. 차라리 '조용한 곳에 둥지 틀고 차분히도 내려앉아'(「별꽃」) 밤새워 이어간 사연들이 도란거리는 소리를 듣고 있기도 하다. 그러다가도 놓쳐버린 그리움 하나 마른 가지에 걸쳐두고 '내일이면 혹, 그 사랑 찾아오려나' 때로 헛된 희망을 걸어도 보면서 '한가로이 햇살, 바람 닮은 자연과 벗'하여 저무는 법을 익히는 그녀. 가끔은 '연분홍 여섯 갈래 너울너울 하늘이 그리운'(「동강할미꽃2」)지 '뺑대 위 나래 접고 앉아 외줄타기'(「동강할미꽃1」)를 즐기는 시적 화자를 만나기도 한다.

4부, '내일을 약속하는 겨울 꽃'에서는 기약 없는 긴 기다림만이 아닌 새로운 내일을 다시 희망으로 노래하는 긍정적이고 건강한 화자를 만나기도 할 것이다. '흔들리는 바람 소린 담을 수 없어. 긴 터널 뚫고 일어서 솜털 사이로 봄 알리는 그 소리만 들을 거야'(「노루귀」)라며 어두운 터널을 지나며 희망의 끈을 놓지 않는 그녀다. '꽃샘바람 외로울까 동무하러 왔다'(「변산바람꽃」) 오히려 바람에 지친 누군가를 위로에 인색하지 않고, 겨울 뜨락에서 오히려 '화려한 깃털 같은 꿈'(「꿩의바람꽃」)을 꾸고 '내 이름 찾는 세월이 길고 길어져 이제야 뿌리내리고 나의 존재를 찾'(「유리호프스」)아 내가 누군지를 탐구하고 나의 존재를 찾아가는 심미안을 잃지 않는 그녀, 강인한 시적화자의 깊이에서 가을밤에 둥싯 떠 있는 보름달을 만난 기분이다.

이렇듯, 『詩 · 꽃을 혁신하다』를 낮게 들추어보면 볼수록 시적화자에게 빨려 들어가는 것은 왜일까? 시적화자를 통해 그려낸 삶의 모습이 누구에게 국한된 것은 아닐 것이다. 너일 수도, 나일 수도, 그 누구일 수도 있지 않을까.

송 시인은 《순수문학》으로 1996년 등단하여 문단에 나온 지 올해로 20년, 환갑의 나이가 되었다. 그래서인지 이번 시집에 특별한 의미를 두는 그녀다. 인천에서 태어나 해군과 결혼해 남편 따라 해안가를 돌다 16년 전 대전에 정착해 살기 시작하면서 새마을금고와 인연을 맺고 '새책 줄게 놀러와'란 책 나눔 봉사활동을 이어오며 열심히 생활한 시인이다. 그 보람으로 대전시장상을 수상하기도 하고, 대전문협사무국장으로, 월간 시사저널 《청풍》 편집장으로 10여 년을 근무해온 그녀는 아직도 《대전문학》 편집장으로 봉사의 끈을 놓지 않는 열정을 가지고 있다. 최근 청풍에 연재했던 원고를 모아 『고택의 門을 열다』 책을 소담하게 엮고 시 · 노래 콘서트를 열며 아직도 왕성하게 꽃대를 올리는 그녀는 한 겨울 바위틈에 피어나는 야생화다!

[대전예술 2016년 11월호]

3부

홍희표의 생애와 한밭풍물시

홍희표의 생애와 한밭풍물시

1. 생애와 문학 활동

홍희표 시인은 1946년 10월 6일 대전시 중구 대흥동 481번지에서 홍영관(치과의사)과 성계순의 4남2녀 중 장남으로 태어난다. 1953년 대전 원동초등학교 입학 후 4학년 때 신흥초등학교로 전학하여 김기영 선생님의 권유로 육상선수로 발탁되어 활약하였으나 6학년 때 전국체전에 출전하여 좋은 성적을 거두지 못하고 좌절을 한다.

1) 임강빈과 만남

1959년 신흥(충남)중학교에 입학하여 운동으로 인한 좌절의 아픔을 겪고 있을 때 크리스마스 선물로 옆집 순영이 누나가 건네준 꽃무늬 표지로 된 김소월의 『못잊어』 시집과 한용운의 『님의 침묵』으로 위안을 받는다. 그 무렵 창밖을 쳐다보며 자주 침묵에 잠기곤 하던 국어교사 임강빈 시인이 전근을 가며 건넨 한 마디 "글

재주가 있으니까 잘해봐!" 평소 말씀이 없어 차갑게 느껴지던 선생님으로부터 들은 그 말은 큰 용기가 되어 문학을 더욱 가까이 하게 되는 계기가 되었다 산문집 (『까까중이 베짱이 되어』, 대교출판사, 1993. p20, 『글의 길과 길의 글』, 종려나무,2003.p7)에서 회고한다.

2) 이재복과 만남

1962년 대전 보문고등학교에 진학하면서 이재복 교장과의 만남을 인상 깊게 기억한다. 어느 초가을 조회시간에 훈화 대신 릴케의 「가을날」을 낭송하였는데 중후한 음성으로 시를 읊는 신선한 충격은 오래도록 마음에 남아 멋진 시인으로 우러러보게 되었다고 한다. 대종사나 교장선생님보다는 시인으로 문학계에서 우뚝 서 있어주었으면 하는 생각도 하였다고 소회를 밝힌 바 있다. 이재복은 보문중 · 고등학교 설립자로 불교의 승려이며 일찍이 시인으로 대전 최초의 동인지 《冬柏》의 동인으로 시작활동을 시작하여 당시 문인협회 지부장으로 《충남문학》을 발간하였고, 예총지부장으로도 활동, 학창시절의 홍희표 시인에게는 적잖이 영향을 주었을 것이다. 또한 홍시인은 고등학교 시절 함께 학창시절을 보낸 송유하와 더불어 전국 백일장에 참가하여 학생문사로서의 위치를 다지기도 하였다. 후일 대학을 졸업하고 1969년 이재복 교장의 배려로 다시 보문고등학교 국어 선생으로 돌아와 교장과 교사로 다시 만난다. 고교시절부터 시 재주를 격려해 주던 후원자였다고 회고한다.

3) 송유하와 만남

한편, 고교시절 학생문사로 함께하던 송유하와의 인연은 홍희표 시인에게 중요한 기억으로 자리한다. 전국고교백일장에서 가장 무서운 적수였다고 한다. 응모하는 곳마다 송유하가 늘 당선을 하는 통에 오기와 질투로 더욱더 시 쓰기에 열중하였고, 유하를 뛰어넘는 일이 최대의 목표였다고 고백한다. 그 길은 오로지 빨리 문단에 나아가는 길이라 생각하였다 한다. 고교시절 최고의 문예백일장인 동국대 백일장에서도 작문교과서에 실려 있는 시 「주발」이란 시로 송유하가 장원을 하였는데 「주발」은 당시 그의 가정 풍경을 솔직하게 담고 있는 작품으로 저녁마다 떡을 빚어 시장에 나가 팔아 집안의 생계를 꾸리는 어머니의 손길을 주발에 담자고 쓴 사실적인 글이라 한다. 그러나 정작 홍희표는 가업을 잇는 아버지의 의사지망 바람과 달리 동국대 국문과에 입학을 한다. 송유하(본명: 송영섭)는 불교과에 입학을 하여 학부사 편집장을 맡고 있던 선원빈 선배의 집에서 소설 쓰던 이계홍과 함께 하숙을 하며 셋이 속마음까지 털어놓을 정도로 절친하게 지냈다고 한다. 때로 송유하가 주선해오는 미팅도 함께 하며 시 쓰기에 몰두하며 홍희표는 대학 2학년에 《현대문학》으로 초회 추천을 받고, 3학년 때 신석초 시인에게 2회와 3회 추천을 완료하여(22살) 등단을 하고 4

학년에 시인 추천으로 받은 장학금으로 첫 시집을 낸다. 대학생으로 등단하여 시집을 발간하는 일은 당시로는 매우 드문 일로 굉장한 주목을 받았다고 한다(이계홍의 진술). 당시 함께 학창시절을 보낸 송유하는 몇 년 후인 1971년에서야 제1회 《월간문학》 신인상으로 문단에 데뷔한다. 최대의 뛰어넘고 싶었던 부러움의 대상에서 여유가 생긴 홍 시인은 송유하에게 비로소 손을 내밀어 잘 지내보자고 의기투합을 한다. 그리고 한참 후 시집 발간을 준비하고 있던 송유하로부터 발문을 써 달라는 부탁을 받았다고 한다. 제목이『꽃의 민주주의』였는데 직장동료들과 영등포역 근방에서 술 서너 잔을 마시고 헤어진 다음날 오후 1982년 4월 10일 외진 김포 논두렁길에서 객사했다는 사망 소식은 시인에게 적잖이 충격으로 다가왔을 것이다. 그의 나이 38세의 젊은 나이였다.

4) 〈판도라〉 문학동아리 활동

고교시절 이상과 발레리를 좋아하던 홍희표는 〈판도라〉 문학동아리를 만들어 문학 활동을 시작한다. 본격적으로 시 쓰기에 몰두하는 고교시절부터 사랑에 대한 노래보다는 비인간화, 개성의 붕괴에 대한 고통스런 내면을 폭로하는 이상의 작품에 매료되어 있음이 특이한데 이는 시인 자신의 내면세계에 대한 반영이 아니었을까 싶다. 당시 대전에는 정훈의 문학사숙인 〈머들령〉이 있었고(이덕영, 김만식, 송유하, 양애경, 강태근, 윤채한 등이 활동을 함) 정훈 시인의 아들인 정신 시인이 시조를 쓰고 평론까지 등단하여 〈머들령〉 회원들의 모든 개별적인 지도를 맡고 있던 시절이었다. 또 김성수의 지도하에 있던 〈돌샘〉에서는 손종호, 김백겸 등이 활동을 하였고 〈판도라〉 문학동아리는 홍희표 시인이 주축이 되어 특별히 지도해 주는 선생님 없이 송하섭이 뒤에서 지원해 주는 정도였다 한다. 〈판도라〉는 〈머들령〉과 〈돌샘〉이 너무 전통적이고 향토적인 문학적 색채를 띠고 있는 것에 반기를 들고 서구적이면서 전위적인 분위기를 만들고 이상과 보들레르에 집착하여 이름도 그리스 신화에 나오는 지상 최초의 여자 이름을 따서 〈판도라〉라는 상징성을 내세워 지었다고 한다.

〈판도라〉가 즐겨 모이고 사용하던 곳은 라이카예식장이나 시온예식장(지금의 천주교 건너편 건물)이다. 어느 때(64년 9월 26일)는 〈머들령〉과 〈판도라〉가 똑같은 날짜에 '문학의 밤'을 개최하여 대결을 벌이기도 했는데 홍희표, 강성렬, 이승철, 이춘실, 김인현 등이 활동하였다 한다.(홍희표 산문집, 『까까중이 베짱이 되어』 대교출판, 1993.p29.참고)

5) 한성기, 박용래, 신정식, 박목월과의 만남

홍희표 시인은 고등학교 때부터 성균관대, 조선대, 동국대 등의 전국 백일장에도 출전하여 장원과 입상을 하며 학생문사로서 활발히 활약을 하는 시기 조숙하게도 한참 연배인 한성기, 박용래,

신정식 시인 등과 만나 교류하기 시작한다.

한성기 시인과의 첫 만남은 66년 예산에서 이재인 소설가와 함께였는데 흰 먼지 날리는 신작로 길을 함께 걸었다고 한다. 홍희표는 으악새 필 때 나뭇잎들이 질 때, 노적가리 사이로 떠오르는 저녁연기를 맞으며 함께 걷고 싶은 선배시인으로 떠올리곤 하였다. 1960년대 말 오랜 유랑 끝에 유성에 정착하면서 많은 글쟁이들이 유성으로 모여들어 흰고무신을 신고 걷기운동을 권유하던 한성기 시인을 따라 걷기를 하였다 한다. 최문휘, 신정식, 윤석산, 이관묵, 홍희표 등이 즐겨 참여하였고, 조연현 선생도 유성에 오면 한성기 시인을 찾았다고 한다. 박목월은 박용래를 찾곤 하였는데 한번은 목월 시인이 박용래만 챙기는 것에 불만을 표해 관계가 서먹하게 되기도 한다.

한성기 시인의 고향은 함경남도 정평인데 함흥사범학교를 졸업하고 충청도로 처음 발령 받아 해방 후 대전사범학교 교사로 재직함에 따라 대전과의 인연을 맺었고, 그때부터 본격 시 쓰기를 시작했다고 한다. 이북에서 내려온 타향살이의 서러움에서였는지 그는 항상 고독해하고 명절이면 더욱 사람을 그리워하곤 했는데 더구나 6 · 25를 전후해 상처를 한 탓에 피붙이라곤 딸 하나뿐이었다 한다. 어느 땐 보문산 어딘가에 묻혀 있을 아내의 무덤 쪽을 바라보며 통곡을 하기도 하고 그럴 때면 자주 글쟁이들이 모이곤 했다한다.

그 시절에는 글쟁이들이 잘 가는 단골 술집에 모여 정담을 나누었는데 한번은 중앙극장통 순대집에 모여 한성기는 트럼본을, 임희재는 트럼펫, 정재수는 아코디온 등의 악기소리를 흉내내며 여흥을 즐기곤 했는데 옆의 술꾼들이 이 광경을 지켜보고는 "정말, 지랄들 하는군!" 이라 하여 그때부터 이들 모임을 '지랄대회'라 하였단다. 어느 날 훌쩍 사라져 한동안 한성기 시인을 볼 수 없었는데 마음의 병이 깊어져 추풍령 용문산 기도원에서 5년 동안 기도를 하고 병세가 호전되어 영동으로 내려와 문구점을 하다 예산을 거쳐 조치원을 거쳐 유성 근교로 다시 돌아와 둥지를 틀면서 만년교 둑길과 과수원 오솔길을 후배 시인들과 일과처럼 걷곤 하였다 한다. 언제나 흰고무신을 신고 주막집에 들어가 사이다를 마시면서 막걸리를 권하던 시인은 넥타이 매는 것을 무척 싫어하고 자유인의 이미지가 강했던 시인이다.

홍희표 시인은 또한 특별하게 성님으로 모시며 많은 나이 차이에도 불구하고 친구처럼 정겨운 술잔을 기울이던 눈물의 시인 박용래와는 애틋한 만남으로 죽을 때까지 지속된다. 박용래 시인을 진심으로 존경하였고, 시인에 대한 많은 시들을 집필하여 한 권의 시집으로 발간하는 정성을 보인다.

한번은 《현대문학》 특집에 '현역시인 100인선'에 박용래 시인만 빠져있자 술타령으로 눈물타령으로 세월을 보내니 보다 못한 박목월 시인이 내려와 그 주정을 다 받아주고 난 후 그날로 금주령을 내렸다 한다. 당시 박목월 시인은 박용래 시인을 무척이나 아껴 유성에 들를 때마다 불러 정을 나누곤 하였는데 1956년에 문단에 데뷔해 세월이 흘렀음에도 책 한 권 이름 짓지 못한 박용래 시인을 안타까이 생각해 1969년 《현대시학》 제1회 작품상으로 뽑는다. 또 형편이 넉넉하지 못한 사정을 알고 어느 고마우신 분의 도움을 받아 박목월 편으로 보내준 성금으로 낸 「오늘의 한국 시인선집」에 박용래 시인도 끼게 되어 출판을 하게 되었는데 이를 계기로 이후 청탁을 받는 유명 시인이 되었다 한다.

당시 수상작이었던 「저녁눈」의 시집 제목을 결정하려는데 부인 이태준 여사가 "당신의 직정적인 성격으로 보아 「저녁눈」보다는 「싸락눈」이 어때요." 하더란다. 하여 『싸락눈』으로 바꿨는데 정작 「싸락눈」이라는 작품은 이 시집에는 없는 이름이었다고 한다. 1979년 세 번째 시집을 낼 때도 제목 때문에 고민을 하다 홍희표 시인에게 자문을 구해 왔단다. "성님이 생각하시는 제목은?" 물으니 『꽃대궁』이라고 쓰더란다. 그래서 『싸락눈』, 『강아지풀』 그동안의 시집 제목이 너무 단순하고 소박하다며 세 번째 시집은 삶의 무게가 느껴지는 중층적 의미가 있는 『白髮의 꽃대궁』이 어떠냐고 원고지에 적자 박용래 시인이 "역시 우리 아우님 머리가 최고야" 하며 훨훨 나비춤을 추더란다. 그 기념으로 그날 기분 좋게 막걸리까지 마셨다고 한다.

신정식 시인과의 첫 만남은 홍희표 고교시절 〈판도라〉 '문학의 밤'이 끝나고 청중이 모두 돌아간 시간 누군가 기다리고 있다가 손을 잡더니 "니 시가 제일 낫다! 막걸리 한 잔 사줄까"라며 손을 이끌던 이, 그가 바로 신정식이다. 그날 선술집에서 한잔 한 것이 신정식 시인이 사망하기 전까지 오랜 인연이 된다. 당시 신정식은 직업이 없이 백수였는데 후에 《호서문화사》 사장이 되고, 사장이 된 후에는 박용래의 청시사가 없어지고, 한성기의 진잠 사랑방이 사라진 다음 충청도 글쟁이들의 쉼터로 자리 한다. 박목월 시인이 주선한 추천도 사양하다가 73년, 박용래의 추천으로 늦게 문단에 데뷔하였는데 막걸리 대장으로 불리던 신정식은 결국 간암으로 사망한다. 사망 며칠 전 문우들과 홍희표 시인의 안내로 호서문화사를 방문한 적이 있었는데 〈아내〉에 대한 시 한 편을 내놓으며 시평을 부탁하였다. 그날 그의 얼굴은 흑빛에 가까웠다. 오후에 병원 예약을 해 놓았다고 하여 함께 식사도 못하고 헤어졌다. 그리고 며칠 후 사망했다는 소식을 받았다.

6) 신석초, 서정주, 박두진, 신동엽, 조재훈과의 만남

홍희표 시인은 1965년 동국대학교 국어국문학과에 입학하여 〈동국문학회〉 활동을 하며 강희근, 문효치, 박제천, 홍신선, 선원빈, 송유화, 김규화, 마종하, 송영희, 문정희 등의 선후배들과 만나 문학적 교류를 확대해 나간다. 스승으로는 서정주와 오영수의 소개로 만난 신석초의 문하생이 되어 시 창작에 몰두한다.

1966년 20세의 나이에 《현대문학》 12월호에 「내 살결에」 시로 신석초에 의해 1회 추천을 받는다. 1967년 5월호에 실린 「봄바람에게」로 2회 추천을, 9월호에 발표한 「아침의 노래」로 3회 추천을 완료하고, 22세(대학 4학년) 되는 1968년 9월, 제1시집 『어군(魚群)의 지름길』(문예사)을 발간한다. 당시에는 대학생이 등단하여 시집을 내는 일이 무척 드문 일이었고 대단한 충격과 화젯거리였다고 한다.(당시 함께 문학활동을 하며 동급생인 이계홍의 글) 12월에는 명동 〈호수그릴〉에서 서정주, 신석초, 박기원, 이형기, 김후란, 신동엽 시인을 모시고 출판기념회도 하였다.

첫 시집 제목을 정할 때 대학 스승인 서정주 시인에게 부탁을 했다고 한다. 『어군(魚群)의 지름길』이라 정하고는 "홍군의 시는 지혜 있는 고기떼들이 바닷속을 지름길로 헤엄치듯이 우리 인간 내면 속을 헤엄치는 고기떼 같아!"라며 제자까지 써 주었고, 두 번째 시집 제목을 정할 때는 박목월 시인에게 상의를 하니 그 무렵 화제가 되었던 「신혼가(新婚歌)」로, 서정주는 「한지(韓紙)」를, 박두진은 「숙취(宿醉)」를 지정해 주었다고 한다. 1970년대 초 암울한 시대상과 연관지어 제2시집 제목을 박두진이 지어준 「宿醉」로 정하였다 한다.

1970년대 암흑기를 거치면서 우리 시단에서 참여문학의 큰 줄기로 자리매김 되던 시절, 우연히 1960년대의 동국대 교정에서 마주쳐 알게 된 시인 신동엽과의 인연은 홍희표 시인에게 시 속에 담아내야 할 내용이 어떠해야 하는가를 깨닫게 해 준 시인으로 보인다. "시인은 필자에게 백제정신을 강조하면서 내일의 시인은 선지자이어야 하며, 우주지인이어야 하며, 인류발언의 선지자가 되어야 할 것이라"고 말했다 한다. 신석초가 그랬고, 정한모, 조재훈이 그랬다. 시의 본질이 순수서정시에 있다고 하지만 그것만이 문학의 정통성이 아니다. 현실을 부정하고 현실을 비판하지 않고 자족하는 순수시는 무의미하다고 말한 의미, 시인의 시 속에 줄기차게 녹아 있는 올곧은 현실인식이 보이는 것은 우연이 아니다.

7) 『청와집(靑蛙集)』(한국시인협회 6인 시집) 발간

대학을 졸업한 후에는 대전으로 내려와 모교인 대전 보문고등학교 국어교사로 부임해 제자로 이은봉과 이경교 시인과 사제의 인연으로 만났고, 고교시절 누이동생 친구로 만난 이숙희와 결혼한다. 한편 한국문인협회와 한국시인협회에 가입해 시인으로서의 시야를 넓혀나간다. 이 무렵 1971년에는 한성기, 박용래, 임강빈, 최원규, 조남익, 홍희표는 6인 시집 『청와집(靑蛙集)』(한국시인협회)을 발간하고, 가정에선 첫딸(나리)을 얻은 해이다. 1973년에는 제2시집 『숙취(宿醉)』(조광출판사)를 서정주 발문을 실어 출판하였고 아들(성균)도 태어난다.

8) 조연현과 만남

1974년에는 서울 선일여자중학교 교사로 전출하여 다시 서울로 올라간다. 1975년 산문집 『교정 속의 노고지리』(불교사상사) 발간하고, 1976년에는 서울 환일고등학교로 자리를 옮겨 동국대학교 대학원에 입학을 한다. 1978년 제3시집 『마음은 구겨지고』(예유사)를 발간, 그해 조연현 지도교수의 지도하에 석사논문 「신석초 연구」를 마무리하고 1980년에는 고향인 대전으로 내려와 목원대학교 국어교육과 교수로 부임, 정년할 때까지 고향인 대전의 토박이 시인으로 돌아온다.

이 시기를 전후해 가까이 지내던 많은 사람들이 주변에서 떠나는 것을 목격한다. 동국대에서 사제지간으로 만난 조연현은 81년 동짓달 그믐께 유달리 추위를 타는 그가, 꼭두새벽 산책길에 의문의 죽음을, 김포논둑길에서 82년 4월 10일 송유하의 죽음, 박용래의 죽음 등 연달아 뜻밖에 맞은 죽음을 통해 허무적 인식을 하게 되었을 것이고, 불교적 선시를 쓰게 하는 모티브가 되었을 것이다.

9) 만다라, 개선문 순례

대전으로 입성 한 80년대 초 때마침 김성동의 『만다라』가 베스트셀러로 날릴 때 목척교 건너편 골목 안에 있던 술집 〈만다라〉는 글쟁이들의 사랑방이었다. 권영우 화백과 최상규, 박용래, 김수남, 강태근, 진규태, 지종해 등이 모여들어 술을 마셨고 동양백화점 옆으로 옮겨 〈개선문〉으로 상호를 바꾼 술집으로 다시 모여들어 1980년대의 치기를 풀어내곤 하였다.

대전의 토박이로 살기 시작한 그해 1980년 11월 20일 의지하고 따르던 박용래 시인이 사망하는 일은 매우 큰 슬픔이 된다. 평소 위스키 같은 독주를 즐겨 마시곤 하던 최상규를 따라 〈만다라〉에 가서 양주 몇 잔을 마시다 구토를 하고 돌아온 다음날 이승을 떠난 것이다. 박용래 외에도 김관식, 송유하 등 지척에 인연을 두었던 사람들의 죽음을 많이 접하는 시기이기도 하다.

이후 문학 활동도 활발하여 1982년 10월에 제4시집 『한방울의 물에도』(문학예술사) 발간하고, 1984년 10월 제5시집 『살풀이』(문학과지성시인선34, 문학과 지성사)를 1987년 10월에는 『금빛 은빛』(창비시선64. 창작사)을 발간한다. 이 무렵 인하대학교 대학원 박사과정에 입학하여 조병화 시인을 스승으로 만난다. 12월에는 제1시선집 『숨쉬기』(문학사상 한국시선22. 문학사상사)를 발간하고, 1988년 11월에는 제7시집 『모두모두꽃』(전예원시집20. 전예원)을 김재홍의 해설을 실어 발간한다. 1990년 6월 제8시집 『세상달공 세상달공』(문학아카데미시선15, 문학아카데미)을 김종회의 해설을 덧붙여 발간하고, 이 무렵 동국대 선후배 모임 〈세월회〉를 결성하여 박제천, 홍신선, 문효치, 하덕조, 이길원, 김학철, 유재열, 이상문, 이원규, 선원빈, 정의홍, 신용선 등과도 교류한다. 대전문인협회 부회장도 역임한다.

10) 한밭풍물에의 관심

시인은 대전지역의 인물, 자연풍경들에 관심을 가진다. 1991년 5월에는 드디어 한밭의 풍물시 『이스렝이 버드내에서 춤추며』(한밭풍물시 I , 호서문화사)를 김수남의 발문을 실어 발간하고, 12월에는 제2시선집 『눈물점 朴龍來』(문학아카데미시선27, 문학아카데미)을 발간한다. 학위논문 「박목월 시의 연구」로 문학박사가 되어 '대전시문화상'을 수상하기도 한다.

1992년 4월에는 제10시집 『늙은 호박 속에는 뭐시 들어 있을까 유우』(한밭풍물시Ⅱ, 호서문화사) 이진우의 발문을 실어 발간하고, 8월에는 제3시선집 『그대 곁에 없으니 물소리도 멈추어 버리고』(분지)를 노동은의 작품해설을 붙여 발간하기도 한다. 이 무렵 〈다솜시문학회〉를 결성 《다솜시》 사화집도 발간한다.

1993년 6월에는 그동안의 선적인 깨달음의 시를 엮은 제11시집 『이 뭣꼬!』(법보출판사)를 홍신선의 해설을 붙여 발간하였고, 『까까중이 베짱이 되어』(대교출판사) 서정학의 해설을 덧붙여 산문집도 발간한다. (2006년 11월, 『이 뭣꼬!』의 증보판 발행)

1994년 3월에는 다시 풍물시 『보리피리 버들피리 민들레피리를』(한밭풍물시Ⅲ, 호서문화사)를 강태근의 발문을 실어 발간하고, 이 무렵 집중조명 시인 홍희표 《오늘의 문학》 「홍희표론」을 양애경이 발표하기도 한다. 12월에는 제4시선집 『목척교의 홀씨』(한밭풍물시 시선집, 문경출판사)를 송기섭의 해설을 붙여 발간하고 1995년 동국대학교 출강하며 바쁜 나날을 보낸다.

1996년 자작시 해설집 『마음의 새끼손가락 걸고』(세종출판사)를 발간, 미국 럿거스 대학교 연구교수로 1년간 한국을 떠났다 돌아온다.

1997년 10월 제13시집 『반쪽의 슬픔』(시와 시학사)을 김삼주의 해설을 붙여 발간하고 송기섭의 홍희표론 「다시 출발인 세기말의 시」 《문학과 창작》에 발표, 그 해 〈동국문학상〉을 수상하기도 한다. 1998년 독서에세이 『책읽기 그리고 길찾기』(목원대출판부)를 발간하는 등 활발한 활동을 이어간다.

1999년 10월에는 제14시집 『라인강의 취탑』(문경출판사)을 문효치의 해설 「기행시의 새로운 지평」을 붙여 발간하고 『새 천년이다』(문학아카데미) 산문집을 발간하고, CD-ROM 시집 『거꾸로 서서』(현대시)을 제작, 2000년 9월 제5시선집 『무서워라 개망초꽃』(맑은 세상)을 송기섭의 해설 「길 위에서의 상처」를 붙여 발간하고 한남대에 출강하는 등 그간의 작품집들을 돌아보는 책들을 내놓는다.

2003년에는 다시 산문집 『글의 길과 길의 글』(종려나무)과 『임강빈의 시와 삶』 편저(오늘의문학사)를, 2006년 6월 제15시집 『물땅땅이도 때때로』(문학아카데미)에서 유재엽의 해설 「시쓰기가 부끄러운 시인」을 붙여 발간한다. 이 시기 『홍희표시 다시읽기 · 1』(종려나무)를 송기섭편 해설 「길 위에서 상처」를 붙여 발간, 뿐만 아니라 선시집 『이 뭣꼬!』(증보판, 종려나무)를 새롭게 엮었고, 2007년 10월에는 영역시집 『Dancing Alone(홀로 춤추며)』(종려나무)에서 조 가넷 번역으로 발간한다. 2008년 『홍희표시 다시읽기 · 2』(종려나무)에서 이은봉의 해설「외로움, 리듬, 직관, 병치, 현실」을 붙여 발간, 2009년 『홍희표 다시읽기 · 3』(종려나무)에서 해설 이종진의 「풍자의, 풍자에 의한, 풍자를 위한 시」를 붙여 발간한다.

2009년 10월에는 마지막 시집인 제16시집 『하이터치 그리움』(시학)을 김백겸의 해설 「'억새벌판'에서 춤추는 시인이야기」을 붙여 발간하고, 그 이후 2010년 『홍희표시 다시읽기 · 4』(종려나무) 김백겸의 「'유한 시간'으로 '무한 시간'에 대한 '노스탤지어'를 노래하다」(종려나무) 해설을 붙여 발간하기도 한다.

그 해 11월에는 그동안 십여 년 동안 준비해온 홍희표문학관 〈옹산시사 (翁山詩舍)〉를 개관하기에 이른다. 12월에는 〈펜문학상〉을 수상하였고 2011년 2월 『홍희표시 다시읽기 · 5』(종려나무) 이승이의 해설 「패러다임의 변화와 시쓰기의 운명」과 제6시선집 『붉나무 저, 사내』(종려나무)를 최준의 「홍희표 시인론」을 붙여 발간한다.

2011년 3월에는 목원대학교 인문관 교정에 국어교육과 · 예촌문학회 · 다솜문학회와 이종진 시인의 주관으로 '홍희표 시비'를 건립한다. 8월에는 이은봉 편 『 홍희표 시인 연구』를 발간하였고, 2012년 9월 『홍희표 시전집』(종려나무)이 출판되어 완성본이 나오기 사흘 전인 9월 24일 오전 9시 20분 교수 정년퇴임을 하고 발견한 식도암 항암 치료 중 심장마비를 일으켜 사망한다.

2. 홍희표 시의 특징

1) 주지적 리리시즘의 개화

홍희표 시인의 첫 시집 『어군(魚群)의 지름길』(문예사)의 서문과 발문의 글을 읽어보는 것은 시인의 작품을 이해하는데 큰 도움을 준다.

그가 시집 초고를 가지고 왔을 때 나는 시집을 내기에는 어리다고 생각했다. 그러나 나는 그의 시를 통독하는 동안에 생각을 달리하였다. 나이에 비하여 그의 시어는 더 성숙되어 있었기 때문이다. 홍 군은 금년 만 22세다. 그리고 대학에 재학 중이다. 근래 우리나라에서 재학 중에 처녀시집을 내는 사람이 드물고 또 젊어서 처녀시집을 내어도 그들이 희망하듯 그렇게 문제시되는 일은 적은 것이 보통이다. 그러나 홍 군의 이 시집은 주목할 만한 것이다. 우선 그의 작품이 습작시대의 때를 말끔히 씻어 있을 뿐 아니라 그의 발상, 기법 등이 다른 동년배 시인들이 생각한 것보다 아주 독창적인 것이다. 그의 작품에서는 소박한 감상(感傷)을 발견할 수가 없다. 주제도 무슨 공간적인 것이 아니다. 일상생활에서 받는 현대인의 정서가 내면적으로 중층적으로 이미지화되어 나오고 있다.

기왓골을 밟아오는
금발의 숲길을 헤치며
한 마리 새의 몸짓에
목마름 채워주고
달여울의 맑음을 향해
나래치는 투망(投網)

—「아침의 노래」 중에서

이상의 내용은 첫 시집 『어군(魚群)의 지름길』 서문에서 그의 시를 추천하였던 신석초 시인이 쓴 글이다.

그의 시는 현실에서 터치된 현대의식이 서정화됨으로써 단순한 시가풍에서 탈각되어 있다고 할 만하다. 그러나 그에게 있어서는 이 현대성에서 온 지적인 시어가 국어로써의 특수한 운율이라든지 빛깔들을 어느 성형(成型)으로까지 이끌어 볼려는 새로운 노력이 엿보인다. 말하자면 우리의 생활감각을 언어의 의미성을 무시하지 않고 노래나 실내악으로 보다도 더 좀 현대성 있는 오케스트라로 연주해 보자는데 어느 정도 성공을 거두었다. 이것은 난삽해지고 딱딱해진 현대한국시에서 하나의 뜻있는 실험이다. 여기에 그의 새로움이 있고, 모더니티가 있고, 독창성이 있다고 하겠다.

신석초 시인은 독창성과 시의 조숙함을 높이 평가하고 있다. 또한 신동엽 시인은 발문에서 「풍요한 꽃밭」이라는 제목으로 홍희표 시를 평하였다.

1960년대부터 한국에는 화사한 언어떼를 가진 일군(一群)의 젊은 시인들이 떠올라오기 시작했다. 그들은 분명히 한국시단에 하나의 새로운 세력으로써 인정되어지지 않을 수 없게 되었다. 그들의 공통된 특징은 대개 두 가지로 나타나고 있는데, 그 하나는, 갈고 다듬은 화사한 언어떼가 최대한으로 푸짐하게 동원되어 이제까지 한국시가 가졌던 그 어느 때보다도 풍요한 언어의 꽃밭을 구경할 수 있게 해주고 있다는 사실이요, 다른 하나는 주정(主情)에의 반기(反旗)이다. 홍희표 형의 시집『어군(魚群)의 지름길』원고를 받아 가지고 그 속에 있는 한편의 시를 읽어나가는 동안에 나는 이런 생각을 하게 됐다.

가녀린 생성으로 부신
약속의 소리들이
나의 정원을 달리는
빛나는 햇빛을,
깊은 기지개를 켜면

동터오는 햇무리에
아침빵 굽는 식구들.
하얀 잇새에서 풍기는
산뜻한 숨소리와
샛노란 코오러스

— 「아침의 주제」

일찌기 김기림(金起林)에게서 개화(開花)를 봤던 주지적 리리시즘이 여기 홍형의 나무에 와서 다시 보다 기름지고 탐스럽게 개화되어지려는 것이 아닐까. 언어와 언어는 섬광적인 충돌에 의하여 다져지고 빛나고 번득이고, 거기서 다시 조직된 희열이 우리를 입맛 다시게 해준다.

위의 두 시인의 서(序)와 발문(跋文)을 통해 시인의 초기 시 역량을 어느 정도 가늠해 볼 수 있다.

2) 실험시

홍희표의 시에 나타난 전체적 특징 중 하나는 안주하지 않고 끊임없는 새로움을 추구하는 실험시를 썼다는 점일 것이다. 출발부터 기존의 시풍과는 다른 실험적 시세계를 추구해 나가는데 이러한 태도는 16권의 시집을 내는 동안에 끊임없이 새로운 시적 실험을 시도하며 새로운 시 쓰기를 고민한 시인이다.

등단 초기시 『어군(魚群)의 지름길』, 『숙취(宿醉)』에서는 1950

년대의 모더니즘의 시풍으로 회화적 이미지를 중시했는가 하면, 제3시집 『마음은 구겨지고』에 와서는 갈등하고 수용하는 과정의 내면을 보이는 시로 변화된 양상을 보이다가 제4시집 『한 방울의 물에도』에 이르러서는 삶의 깨달음에서 오는 인생의 의미를 불교적 세계와 결합하여 탐구하기 시작했고, 제5시집 『살풀이』 이후는 사회풍자는 물론이고 꽃 이름을 제목으로 하여 『모두모두꽃』 이야기를 가진 시를 썼고 제9시집 『이스랭이 버드나무에서 춤추며』에서는 뿌리 찾기의 한밭풍물시 계열의 개인사적인 다양한 시작으로 대전지역의 사투리, 전설, 설화 등 향토색 짙은 대전의 보편적 정서를 때로 장소에 얽힌 소재로 대전의 문화적 정체성을 보여준다. 제12시집 『이 뭣꼬!』에서는 인생의 화두를 문답식으로 보여주고 제13시집 『반쪽의 슬픔』에서는 사랑과 이별의 마음 길 따라 사랑하는 법을 배우고 사랑과 이별 후 고독을 통해 인생의 의미를 깨닫는 과정을 기행시의 형태로 표현하면서 존재확인의 과정으로 나아간다. 시가 곧 시인 자신의 삶의 기록이었음을 확인시켜 주고 있음을 엿볼 수 있다. 내용과 형식면에서 다양하게 실험적 방법을 견지하며 삶의 진실을 보여주고 시를 통해 자신을 완성해 가고자 하는 작가정신이 투철한 시인이다.

시인의 다양한 실험적 시도는 어디에서 오는 욕구일까? 끊임없이 안주하지 못하고 새로운 변화를 추구했던 심리기저에는 불안정서를 극복하고자 한 그 어떤 이유가 있지 않았을까?

내면에 드리워진 아니마가 예술을 만든다고 한다. 아니마의 타

입에 따라 시인의 정서적 빛깔을 결정한다는 말을 기억하며 이러한 궁금증을 근거로 작가가 겪어온 생애사와 관련해 작품 속에 투영된 다양성의 의미를 찾아서 작품을 읽어 보아야 한다.

3. 한밭풍물시 감상

또 하나의 특징은 한밭풍물에 대한 지극한 관심과 많은 한밭풍물시를 남겼다는 점이다. 한밭의 방언이나, 전설, 정서가 깃든 지역이나 대전의 문화적 분위기, 향토색이 짙은 장소에서 사람에 이르기까지 소재로 하여 시인의 애정과 긍지의 구체적 표현들이 작품 속에 반영되어 있다. 이는 대전 토박이의 대전사랑에서 기인한다고 보여진다.

이러한 측면에서 시인의 연구는 시인 한 개인의 생애사를 종합적으로 정리할 수 있다는 점에서 의미가 있는 일이지만, 지역문학사 서술과 관련해서도 지역에 기반한 생생한 삶의 현장을 경험할 수 있게 하고 지역현실을 바라보고 대전지역의 정체성 재고에 기여할 것으로 보인다.

홍희표 시인의 한밭 풍물시를 감상하다 보면 잊어버렸던 대전의 풋풋한 풍경들이 파노라마로 다가온다. 특히, 등단하면서부터 평생을 시의 동반자로 시로 소통하며 형님 동생으로 시의 길을 함께 걸어간다. 한밭풍물시, 아름다운 흔적들을 감상해 보자.

호박잎에 떨리는 청기와
호박잎에 뒹구는 초례청
호박잎에 나는 흰 모시
담 너머 담 너머 우레소리

— 「초례(醮禮)-박용래」 전문

이에 대한 박용래 시인의 답시는 다음과 같다.

어깨 나란히 산길 가다가 문득 바위틈에 물든 산호(珊瑚)단풍보고 너는 우정이라 했어라.

어느덧 우정의 잎 지고 모조리 지고, 희끗희끗 산문(山門)에 솔가린 양날리는 눈발,

넌 또 뭐라 할 것인가?

저 흩날리는 눈발을, 나 또한.

— 박용래 시인의 「산문(山門)에서 홍희표에게」 전문

구름의 본적은
하늘
파도의 본적은
바다
우리 집 본적은
한밭 대흥동(大興洞) 481번지.

나이 마흔 넘어
우리 집은

제일장여관이 되어
ㅎㅎㅎ 웃고 있네
연지 바른 점령군처럼.

나무의 본적은
따앙
꿀벌의 본적은
꽃잎
우리 집 본적은
한밭 대흥동(大興洞) 481번지.

—「우리 집 본적」 전문

도연명(陶淵明)이 살던 동네
오류동(五柳洞)이듯
그 버드내 동네에 박용래(朴龍來)
자기 집을 청시사(青柿舍)라 부르고
풀벌레소리 사이로 접시술과
더불어 살았다네.
그 울보시인도 가고
사모님도 가고, 따님들도
시집 가버리고,
그 청시사(青柿舍) 이제는
늙은 감나무 혼자 지킨다네.

공룡처럼 들어선 아파트 단지
그 조선의 시인 없어 오류동
땡감동네로 변했다네.

—「청시사(青柿舍)」 전문

굴다리 앞에는
약장사 아저씨
대통령이지요
모두모두 다 모여라 !
등에는 큰북 메고
ㅎㅎㅎ……
손에는 꽹과리 들고
ㅎㅎㅎ……
-(생략)

—「신안동(新安洞) 굴다리 앞」 전문

고비사막 같은 문화의
한밭에도 연극쟁이들이 있어
오뉴월 소나기 만나듯
가톨릭문화회관에서 이따금
무대막을 올리니,
독주 마시듯 호올로
진규태가 「가겨거리의 고교씨」
올리며 싸웠고,
자의반 타의반
여고생 여대생들이
앉아있는 빈자리 보며
오늘도 젊은 유승희가
「화가 이중섭」을
십자가 끌고 가듯
무대막을 올리니,
아, 한밭시민들이여
봅시다, 봅시다, 연극도.

—「가톨릭문화회관」 전문

서울에서 목포까지
울며울며 가는 완행열차
늙은 거북이 춤추듯
중간역 대전에 도착해
떠나던 시간이 0시 50분
동태눈 짝짝으로 하고
가락국수 먹던
호남선의 시발역 홈
그제나 오늘이나
우리 백제권은
모래바람만 휘날리는
푸대접과 무대접판이라 !
외줄기 철로 위에서
흰 거품 뿜으며
이별의 말도 없이
쉬어가던 대전발
목포행 완행열차
당신은 잊었는가
그 대전부르스를……
수양버들가지 같은 대전부르스를……

—「0시 50분」 전문

신라군이 호시탐탐
회덕에 자리한 우술군(雨述郡)을
사알짝 넘어와도
무력과 침략보다는
하늘 같은 평화를
신라군이 호시탐탐

진잠에 자리한 진현현(眞峴縣)을
사알짝 넘어와도
무력과 침략보다는
따앙 같은 생업을,
신라군이 호시탐탐
유성에 자리한 노사지현(奴斯只縣)을
사알짝 넘어와도
무력과 침략보다는
구름 같은 천신(天神)을
지키리라 지키리라.

—「계족산성(鷄足山城)」 전문

대사동(大寺洞)에서 문화동으로
넘어가는 테미고개
옛날에는 부처댕이고개라 했지요.
성황당과 좌불상도 있었지요.
위테미에는 땡땡이중이 있어
불당도 짓고 독경도 했지요.
1930년대에 땡땡이중 하면
위테미의 중이었지요.
그러나 뜻깊고 눈푸른
좌불상같은 중이었지요.

—「테미고개」 전문

한밭 한적골에 자리잡은
보문산이 산 중에서
가장 크고 높은 산이네요,
엄니 손잡고 소풍가고

선상님 손잡고 소풍가고
동무 손잡고 반나절 소풍가고
때로 기집애 손잡고 소풍갔지요.
다른 고장에서 높은 산도
깔깔거리고 보았지만
지금도 내 주위에
주봉(主峰)으로 붙어 앉아
가장 크고 높은 보문산
신산만산할락궁이네요

—「보문산(寶文山)(1)」 전문

목척교 홍등을 끄면
술집 네온이 붉고
그 제비꽃등을 끄면
산동네 전등불이 빌딩처럼 높고
그 원추리꽃등을 끄면
멀리 공장의 불빛이 보이네
야근 줄풀등 아래
보이지 않는 손톱
보이지 않는 발톱
목척교 홍등을 끄면.

—「홍등을 끄면」 전문

백제 와당처럼 권영우 환쟁이
누굴 하염없이 기다리고,
그 는개비 사이로
강태근 소설쟁이

진규태 연극쟁이
막걸리 한 잔 걸치고,
그 는개비 사이로
담바구 피는 가시내
눈물술 먹는 가시내
마른 장미처럼 앉아 고,
세상 밖에는 눈물탄
세상 밖에는 불꽃병
검붉은 피가 오가는데
식은 커피 한 잔 놓고
「죽음과 소녀」를 씹으며
우리는 침침히 무너져 가는데.

—「영상 찻집」 전문

대전천에서 피래미
뚫어진 소쿠리로 잡다
사리마다 물에 젖어
고추를 내놓고
햇빛 보고 ㅎㅎㅎ!

대전천 둑길 사이로
가시내랑 데이트하다
"바로 여기가 세느강이예요"
그 살구꽃 같은 소리에
달빛 보고 ㅎㅎㅎ!

대전천 하상주차장에
오늘 다시 서보니

지천명(知天命)의 머리카락 위로
곡마단 깃발처럼 흔적없네
자동차 보고 ㅎㅎㅎ !

—「대전천(大田川)(1)」 전문

오십 먹은 소년시인*이
흰나비 되어
오요요 울고 있네.

땡감 떨어지는 오류동에서……

오십 먹은 소년시인이
물소리 되어
오요요 울고 있네.

빈대떡 옆 계룡산에서……

오십 먹은 소년시인이
망초꽃 되어
오요요 울고 있네.

없는 하늘나라에서……

—「눈물점」 전문

* 박용래

오정골에서 태어난
우리 한밭의 눈푸른 시인

은진 송(宋)씨의 유하(油夏)
오, 주발에다
하늘을 담자는
파란꽃은 파란 꿈꾸고,
오, 주발에다
엄니 손길을 담자는
빨간 꽃은 빨간 꿈꾸고,
어느 날 잡지 편집쟁이가
싫어, 싫타,
막걸리 퍼마시다
노래 노래 자지러지듯
빙폭(氷瀑)의 탄압을 견디다가
객지 김포 논두렁에서
코 박고 이승 떠난
꽃의 민주주의 시인이여 !

—「오, 주발에다」 전문

목척교에 서 있으면
까치 같은 사람을 만나리라.

박용래(朴龍來) 눈물 흘리며
울부짖고
김석천(金石川) 술병 치켜들며
달려오고.

목척교에 서 있으면
감꽃 같은 사람을 만나리라.
한성기(韓性祺) 흰 고무신 흔들며

울부짖고
송유하(宋油夏) 윗입술 뜯으며
달려오고.

—「목척교(木尺橋)(2)」 전문

술 한 잔 사이로
계룡산 자락 넘어가고
우리 목초(牧樵)스님도 보이고
새털구름도 보이고.
술 한 잔 사이로
금강물 줄기 줄기로
우리 신동엽(申東曄) 시인도 보이고
곰나루 버들잎도 보이고.

단골 술꾼 김수남(金秀男) 소설가
개선문 술집에서
갈지자(之字) 걸음 걸음거리
이제는 종말로 보이고.

—「개선문」 전문

‖참고문헌‖

1. 기본 자료

대전아동문학회, 「달님이 엿보는 일기장」, 《푸른 메아리》 제18집, 대교출판사, 1995.12.
「별이 된 산나리꽃」, 《푸른 메아리》 제20집, 오늘의 문학사,1996.
「바다에 뜨는 별」, 《푸른 메아리》 제21집, 대교출판사 1997.8.
「바람을 타고 온 요정」, 《푸른 메아리》 제22집, 오늘의문학사, 1998.8.
「감자꽃 피는 마을」, 《푸른 메아리》 제23집, 문경출판사, 1999.8.
「아득한 그 옛날이」, 《푸른 메아리》 제24집, 대교출판사, 2000.8.
「나무도 이사 온다」, 《푸른 메아리》 제25집, 대교출판사, 2001.8.
「별이 되고 싶은 아이」, 《푸른 메아리》 제26집, 문경출판사 , 2002.8.
「함께 있으니」, 《푸른 메아리》 제27집, 대교출판사, 2003.8.
「그림첩을 베고 잠든 아이」, 《푸른 메아리》 제28집, 오늘의 문학사, 2004.8.
「애들아, 하늘을 보자」, 《푸른 메아리》 제29집, 문경출판사, 2005.8.
「바람 따라 온 아기새」, 《푸른 메아리》 제30집, 대교출판 사, 2006.8.
「시골집은 누가 지켰나」 《푸른 메아리》 제31집, 오늘의 문학사, 2007.8.
「꿈을 키우는 별」, 《푸른 메아리》 제32집, 문경출판사, 2008.8.
「내 이름은 꼴찌」, 《푸른 메아리》 제33집, 대교출판사, 2009.8.
「시인의 채집상자」, 《푸른 메아리》 제34집, 글누리, 2010.8.
「사랑을 굴리는 자전거」, 《푸른 메아리》 제35집, 문경출판사, 2011.8.
「비눗방울 놀이」, 《푸른 메아리》 제36집, 문경출판사, 2012.8.
「해는 어디서 살까」, 《푸른 메아리》 제37집, 문경출판사, 2013.8.
「푸른 세상 밝은 세상」, 《푸른 메아리》 제38집, 문경출판사, 2014.8.
「어린이날 세상에 왔어요」, 《푸른 메아리》 제39집, 문경출판사, 2015.8.
「아빠 엄마 속상하게 하기」, 《푸른 메아리》 제40집, 문경출판사, 2016.8.
「별이야, 별 따러 가자」, 《푸른 메아리》 제41집, 문경출판사, 2017.8.

2. 평론 및 논문

김영수, 「동시의 다양성과 창작의 실제」, 《푸른 메아리》 제41호, 문경출판사, 2017.8.

김영훈, 「좋은 동화 좋은 동시 감상에 대하여」, 《푸른 메아리》 제40호, 문경출판사, 2016.

「정만영 동화와 휴머니즘」, 《푸른 메아리》 제40호, 문경출판사, 2016.

「대전아동문단의 어제와 오늘 그리고 내일」, 《푸른 메아리》 제37호, 문경출판사, 2011.

「'푸른 메아리'동화 속에 깃든 동심 찾기」, 《푸른 메아리》 제33호, 대교출판사, 2009.

「마해송 초기 전승동화의 내용생성과 주제 설정에 관한 연구」, 《푸른 메아리》 제32호, 문경출판사, 2008.

「남북한 창작동화 소년소설의 교육적 수용실태 비교연구」, 《푸른 메아리》 제28호, 오늘의 문학사, 2004.

김영희, 「대전 아동문학의 향토언어 수용고찰」, 《푸른 메아리》 제37호, 문경출판사, 2013.

리헌석, 「스승의 자세와 빛나는 서정」, 《푸른 메아리》 제28호, 오늘의문학사, 2004.

박순길, 「전영관 작품세계」, 《푸른 메아리》 제40호, 문경출판사, 2016.

박진용, 「자강불식의 화신(김영훈론), 《푸른 메아리》 제37호, 문경출판사, 2013.

송백헌, 「박진용의 동화세계」, 《푸른 메아리》 제38호, 문경출판사, 2014.

이문희, 「2000년대 생태 · 환경동시의 수용양상」, 《푸른 메아리》 제34호, 누리, 2010.

전영관, 「송근영 작품세계」, 《푸른 메아리》 제40호, 문경출판사, 2016.

「좋은 동시란 어떤 詩인가」, 《푸른 메아리》 제39호, 문경출판사, 2015.

「미래를 위한 아동문학, 비전을 보여주는 아동문학」, 《푸른메아리》 제34호, 글누리, 2010.

「대전아동문학회 동시 조명」, 《푸른 메아리》 제33호, 대교출판사, 2009.

「다문화시대의 아동문학 역할」, 《푸른 메아리》 제33호, 대교출판사, 2009.

정만영, 「꿈을 이룬 칠갑산 소년(김영훈론)」, 《푸른 메아리》 제37호, 문경출판사, 2013.

「아동문학이 외면당하는 현실 진단」, 《푸른 메아리》 제36호, 문경출판사, 2012.

「김영훈 동화소재 및 주제설정의 변이과정과 표현기법에 관한 소고」, 《푸른 메아리》 제36호, 문경출판사, 2012.

「판타지의 바람직한 방향」, 《푸른 메아리》 제28호, 오늘의 문학사, 2004.

한상수, 「대전 아동문학의 회고와 전망」, 『대전문화』 제6호, 1997.

한기범, 「대전의 정신적 뿌리」, 『대전문화』 제6호, 1997.

이재철, 『아동문학개론』, 서문당, 1983.

3. 단행본

구인환, 『아동문학』, 서울대출판부, 1976.

대전문인총연합회, 『대전사랑 아동문학선집』, 오름기획출판, 2014,

대전광역시 시사편찬위원회, 『대전문화』 6호, 대문사, 1997.

『대전문화』 8호, 대문사, 1999.

『대전문화』 17호, 대진사, 2008.

『대전문화』 19호, 대진사, 2010.

『대전문화』 20호, 중앙기획인쇄, 2011.

이재철, 『아동문학개론』, 문운당, 1967.

최문휘, 『대전 · 충남 연극사』, 선인출판사, 1993.

충남문화재단, 『충남근현대예술사』, 충남근현대예술사편찬위원회, 2016.12.

한국예총대전광역시연합회, 『한국예총대전광역시연합회50년사』, 종려나무, 2012.12.

김영훈, 「대전아동문단의 어제와 오늘 그리고 전망」, 《호서문학》 제48호, 겨울호

김화선, 「지역의 힘, 지역의 문학」, 《작가마당》 제7호, 2004.

도수희, 「마을 이름으로 본 대전지역의 고유어」, 『대전문화』 제17호, 2008.

_ _ _, 「대전지방 고유어 연구 현황과 전망」, 『대전문화』 제18호, 2009.

박숙희, 「대전지방 방언」, 『대전문화』 제19호, 2010.

박광수, 「대전의 구비문학 현황과 보존 방안」, 『대전문화』 제20호, 2011.

김화선, 「우리 지역의 아동문학」, 《작가마당》 제21호, 2012.

김영희 평론집

대전문학의 층을 읽다

1판 1쇄 | 2018년 11월 23일

지은이 김영희
발행인 이영옥
편집 김원선

펴낸곳 이든북
출판등록 제2001－000003호
주소 34625 대전광역시 동구 태전로 43－1 (의지빌딩 201호)
전화번호 (042)222－2536 | **팩스** (042)222－2530
전자우편 eden－book@daum.net

ISBN 979-11-87833-77-2 03810
값 18,000원

* 이 사업은 대전광역시, (재)대전문화재단에서 사업비 일부를 지원 받았습니다.